작은 예수가 되는 길

작은 예수가 되는 길

이영훈 지음

초판 1쇄 발행 2015년 12월 15일
초판 2쇄 발행 2016년 1월 25일

발행처 서울말씀사
편집인 김호성
등 록 제11-105호

서울 강서구 허준로 217 가양테크노타운 306
Tel. 02-846-9222
Fax. 02-846-9225

본서의 저작권과 판권은
서울말씀사 소유이며 무단 전재, 복제를 금합니다.

작은 예수가 되는 길

이영훈 지음

서울말씀사

머리말

저명한 미래학자 앨빈 토플러는 일찍이 '제5의 물결은 영성'이 될 것이라고 예견했습니다. 바야흐로 영성의 시대가 도래했습니다. 급변하는 시대, 불확실한 시대에 사람들은 인간 지성과 감성의 한계를 영성으로 극복해보고자 합니다. 그러나 올바른 방향을 찾지 못한 영성의 추구는 잘못된 영적, 즉 신비주의와 뉴에이지, 이단과 사이비적 종교로 사람들을 오도하고 있습니다. 또한 현대 사회에 만연한 황금만능주의와 극단적 개인주의, 세대 간의 갈등은 현대인들의 황폐한 영적 현주소를 드러내주고 있습니다.

이러한 시대적 흐름 속에서 우리는 성경이 가르치는 영성, 즉 완전하신 예수 그리스도를 본받고 따라가고자 하는 '작은 예수의 영성'을 추구해야 합니다. 그리스도인이라면 일생 동안 예수님을 닮아가고 따라가고자 힘써야 합니다. 예수님처럼 사랑하고, 예수님처럼 순종하며, 예수님처럼 겸손한 자세로 이웃과 사회를 섬기며 살아가야 합니다. 그렇게 할 때에 우리는 세상이 줄 수 없는 참된 만족과 기쁨을 누리게 됩니다.

『작은 예수가 되는 길』은 최근 저의 여러 라디오 방송을 통해서 선포된 하나님의 말씀을 '작은 예수의 영성'의 8가지 주제에 맞추어 재구성한 설교집입니다. 이 책을 통해 많은 분들이 작은 예수의 영성으로 충만하여 이 시대에 꿈과 희망을 전하는 믿음의 사람들이 되시기를 기도합니다.

여의도순복음교회
담임목사 이영훈

작은 예수의 영성이란?

작은 예수의 영성이란 예수님처럼 사랑하고, 예수님처럼 순종하며, 예수님처럼 겸손한 자세로 이웃과 사회를 섬기며 예수님을 닮아가는 것을 추구하는 영성입니다. 작은 예수의 영성에는 다음 8가지 특징이 있습니다.

1. 십자가의 영성
   - 십자가는 하나님의 사랑의 완결이요, 온 인류를 위한 영원한 구원의 근원입니다.
   - 우리는 주님을 만날 날까지 주님이 가신 십자가의 길을 따라가야 합니다.

2. 말씀의 영성
- 기독교 영성은 철저하게 하나님 말씀에 기초합니다.
- 말씀은 우리의 신앙과 생활에 있어 절대적인 기준입니다.

3. 성령충만의 영성
- 우리는 성령님의 역사하심을 통해 하나님의 사랑과 은혜를 깨달을 수 있으며 예수 그리스도를 구주로 영접할 수 있습니다.
- 우리가 성숙한 그리스도인이 되기 위해서 성령님의 도우심이 필요합니다.

4. 기도의 영성
- 기도는 하늘의 기쁨을 내 마음속으로 끌어내리는 신령한 통로입니다.
- 하나님께서는 우리의 기도에 응답하시고 우리의 삶을 인도해주십니다.

5. 절대 긍정의 믿음의 영성
- 우리가 받은 구원은 우리로 하여금 절대 긍정의 믿음을 소유

하게 만듭니다.
- 절대 긍정의 믿음은 하나님의 말씀, 예수님의 십자가 고난과 부활, 예수님을 통해 우리에게 허락된 영생 천국과 다시 오실 예수님에 대한 소망을 근거로 합니다.

6. 섬김과 나눔의 영성
- 섬김과 나눔의 삶이란 내가 나의 삶의 주인이 되어 살아가는 것이 아니라 내 삶의 모든 것을 내려놓고 주님에게 맡기며 사는 것을 말합니다.
- 우리는 하나님의 무조건적인 은혜와 축복을 받았기 때문에 우리도 이웃을 위해 우리의 것을 아낌없이 나누고 베풀 수 있어야 합니다.

7. 개인적 성화의 영성(예수닮기)
- "내가 그리스도를 본받는 자가 된 것 같이 너희는 나를 본받는 자가 되라"(고전 1:11)라는 말씀처럼 참된 그리스도인이 되기 위해 우리는 예수님의 모습을 닮아 가야 합니다.
- 우리는 예수님처럼 용서하고 화목을 이루며 구원을 위해 헌신하며 거룩한 삶을 지향하는 삶을 살아야 합니다.

8. 선교의 영성(예수전하기)

- "또 이르시되 너희는 온 천하에 다니며 만민에게 복음을 전파하라"(막 16:15)라는 말씀은 예수님께서 승천하시기 전에 제자들에게 분부하신 명령입니다.
- 우리는 때를 얻든지 못 얻든지 열심히 복음을 전해야 합니다.

:: **차례** ::

머리말
작은 예수의 영성이란?

Part 1 십자가의 영성 • 13

　<u>1</u> 무리와 제자
　<u>2</u> 십자가 사랑
　<u>3</u> 예수님의 십자가

Part 2 말씀의 영성 • 43

　<u>4</u> 네 가지 땅에 떨어진 씨앗
　<u>5</u> 말씀과 믿음
　<u>6</u> 하나님의 음성

Part 3 성령충만의 영성 • 71

　<u>7</u> 광야에 외치는 자의 소리
　<u>8</u> 마음이 뜨겁지 아니하더냐
　<u>9</u> 오직 성령으로

Part 4 기도의 영성 • 99

　<u>10</u> 위대한 어머니
　<u>11</u> 나를 불쌍히 여기소서
　<u>12</u> 얍복 나루터의 은혜

Part 5　절대 긍정의 믿음의 영성　• 127

　　13　강하고 담대하라
　　14　불가능을 가능케 하는 믿음
　　15　잠잠하라 고요하라

Part 6　섬김과 나눔의 영성　• 157

　　16　그 중의 제일은 사랑이라
　　17　우리가 무엇을 하리이까
　　18　하나님께서 사랑하시는 자

Part 7　개인적 성화의 영성(예수닮기)　• 187

　　19　깨어짐의 축복
　　20　영원히 함께하시는 하나님
　　21　택하심을 받은 자

Part 8　선교의 영성(예수전하기)　• 215

　　22　부활의 희망
　　23　사명
　　24　꿈과 희망을 가지고 나아가자

1

작은 예수가 되는 길

십자가의 영성

1 _ 무리와 제자
2 _ 십자가 사랑
3 _ 예수님의 십자가

1

무리와 제자

> "무리와 제자들을 불러 이르시되 누구든지 나를 따라오려거든 자기를 부인하고 자기 십자가를 지고 나를 따를 것이니라"
>
> 마가복음 8장 34절

많은 사람들이 어디에서 와서, 무엇 때문에 살며, 어디로 가는지 모르고 방황하는 삶을 살아갑니다. 그래서 기쁨이 없고 만족이 없습니다. 늘 불안해합니다. 그러나 우리는 예수님을 믿고 하나님의 자녀가 되어 인생을 살아갈 분명한 목적을 얻었습니다. 존재의 이유를 발견했습니다. 그것은 무엇입니까? 마태복음 28장 19절을 보면, 예수님께서 승천하시기 전에 우리에게 다음과 같은 지상명령을 주셨습니다.

"그러므로 너희는 가서 모든 민족을 제자로 삼아 아버지와 아들과 성령의 이름으로 침례를 베풀고"

우리는 예수님의 이 명령을 따라 모든 민족을 제자로 삼기 위해 이 세상에 존재합니다. 그런데 모든 민족을 제자로 삼으려면 어떻게 해야 합니까? 먼저 우리가 예수님의 참된 제자가 되어야 합니다. 오늘 본문의 말씀은 우리가 예수 그리스도의 참된 제자인지를 돌아볼 수 있게 하는 세 가지 물음을 주고 있습니다.

첫째로, '우리는 과연 무리인가? 제자인가?' 하는 것입니다.

마가복음 8장 34절의 말씀은 "무리와 제자들을 불러 이르시되"라고 시작합니다. 예수님을 따르는 수많은 사람들 중에는 '무리'가 있었고, '제자'가 있었습니다. 여기서 '무리'는 예수님께서 베푸시는 기적을 직접 경험하거나 목격하고, 그러한 기적으로 인해 예수님을 따랐던 사람들입니다. 다시 말하면 자신의 유익을 위해서, 자신의 만족을 위해서 예수님을 따라 다녔던 사람들입니다.

사복음서에 공통적으로 기록된 오병이어의 기적을 보면, 그 자리에 있었던 사람이 남자 어른만 오천 명이고, 여자와 아이를 합치면 약 이만 명이 넘습니다. 그러나 예수님께서는 이러한 사람들, 즉 무리에 대해 요한복음 6장 26절에서 "내가 진실로 진실로 너희에게 이르노니 너희가 나를 찾는 것은 표적을 본 까닭이 아니요 떡을 먹고 배부른 까닭이로다"라고 말씀하셨습니다.

예수님께서는 무리들이 표적을 통해 예수님께서 그리스도이신 것을 깨닫고 따른 것이 아니라, 단지 표적을 통해 떡을 먹고 배불렀기 때문에 따른 것이라고 말씀하셨습니다. 무리들은 예수님께서 누구신지보다 예수님께서 베푸시는 기적에만 관심이 있었던 것입니다.

미국 사우스 이스트 크리스천 교회의 교육 목사인 카일 아이들먼은 『팬인가, 제자인가』라는 책에서 "팬은 와서 환호하다가 사라져 버리는 사람이며, 제자는 와서 죽고 섬기는 사람이다."라고 말했습니다.

예수님께서 원하시는 사람은 예수님의 기적을 보고 환호하는 사람들이 아닙니다. 예수님의 말씀대로 따르며 예수님을 위해 온전히 헌신하는 사람들입니다. 예수님 당시 예수님을 따랐던 무리들은 예수님의 기적에만 도취되어 있었습니다. 예수님께서 예루살렘에 입성하실 때는 종려나무 가지를 흔들며 "호산나, 다윗의 자손이여!"라고 외치며 환영하기도 했습니다. 그러나 그들은 예수님께서 자신들이 바라는 정치적 지도자가 아니라는 것을 깨닫자 예수님을 외면하고 말았습니다.

여러분은 무리입니까, 제자입니까? 예수님께서는 마태복음 6장 33절에서 "그런즉 **너희는** 먼저 그의 나라와 그의 의를 구하라 그리하면 이 모든 것을 **너희에**게 더하시리라"라고 말씀하셨습니다. 나의 만족과 유익을 위해 예수님을 따르는 것이 아니라, 먼저 하나님의 나라와 하나님의 의를 구하며, 예수님께 온전히 헌신하는 삶을 살아가시기 바랍니다. 그럴 때 예수님의 참된 제자가 될 수 있습니다.

둘째로, '우리는 무엇을 따르고 있는가?' 하는 것입니다.

마가복음 8장 34절은 "누구든지 나를 따라오려거든"이라고 말씀합니다. 우리는 누구를 따라가야 합니까? 예수님을 따라가야 합니다. 많은 사람들이 예수님을 믿는다고 하면서도 돈을 따라갑니다. 세상 권세를 따라갑니다.

그러나 이 세상에 있는 것은 영원하지 않습니다. 언젠가는 다 사라집니다. 그래서 이 세상의 것을 따라가다 보면, 그 삶에 허무가 찾아오는 것입니다. 그리고 사람을 따라가다 보면, 결국 사람 때문에 상처를 받고 절망에 빠지게 되는 것입니다.

요한복음 4장에 등장하는 사마리아의 수가 성 여인을 보십시오. 다섯 번 결혼했지만 다 실패하고, 여섯 번째 남편과는 아예 결혼도 하지 않고 살았습니다. 그러나 만족을 얻지 못하고, 사람들의 시선을 피해 다니는 불행한 삶을 살았습니다.

사람이 사람을 만족시켜 줄 수 있는 것이 아닙니다. 참된 만족은 우리의 그리스도, 예수님께로부터 옵니다. 예수님을 따라갈 때, 참된 만족과 행복을 얻을 수 있습니다.

예수님의 제자들이 다 그랬습니다. 예수님께서 부르실 때, 어부였던 베드로와 안드레가, 야고보와 요한이 그물을 내려놓고 예수님을 따랐습니다. 세관원이었던 마태는 예수님의 부르심을 받고 세관원직을 내려놓고 예수님을 따랐습니다. 그들은 세상적으로 볼 때 어리석어 보였을지도 모릅니다. 그러나 믿음 안에서 참으로 행복한 삶을 선택했고, 하나님의 영광을 위해 귀하게 쓰임을 받았습니다.

여러분, 예수님을 따를 때 때로는 희생이 따르고 고통이 따르지만 그 길은 행복한 길입니다. 그러나 세상의 것을 따라가고 사람을 따라가면, 그 길은 좌절과 아픔과 상처를 가져다주는 길인 것입니다. 세상이나 사람을 바라보지 말고, 오직 예수님만 바라보고, 예수님만 따라가는 여러분이 되시기 바랍니다.

셋째로, '우리는 어떠한 삶을 살고 있는가?' 하는 것입니다.

마가복음 8장 34절은 "자기를 부인하고 자기 십자가를 지고 나를 따를 것이니라"라고 말씀합니다.

제자의 길에는 두 가지 모습이 있습니다. 첫 번째가 자기를 부인하는 것이고, 두 번째가 십자가를 지는 것입니다. 종교개혁자 칼뱅은 이 두 가지가 그리스도인의 삶에 있어서 가장 핵심적인 모습이라고 말했습니다.

먼저 자기를 부인한다는 것은 무엇입니까? "나는 아무것도 아닙니다. 예수님만이 나의 모든 것이 되십니다."라고 고백하며, 그 고백을 실천하며 사는 것입니다.

사람들은 다 제 잘난 맛에 삽니다. 자신이 삶의 기준이 되고, 삶의 중심이 되어 삽니다. 그래서 다른 사람들이 나를 인정해주면 기분이 좋고, 무시하면 섭섭하고 상처를 받습니다. 그러나 나는 죽고 오직 예수님만 내 안에 사시면, 섭섭할 일이 없고 상처받을 일이 없습니다. 언제나 예수님으로 인해 승리하는 삶을 살 수 있습니다.

다음으로 자기 십자가를 진다는 것은 무엇입니까? 예수님을 따르며 겪게 되는 어떠한 고난도, 희생도 묵묵히 감당하며 사는 것입니다. 예수님께서는 마태복음 10장 38절에서 "또 자기 십자가를 지고 나를 따르지 않는 자도 내게 합당하지 아니하니라"라고 말씀하셨습니다. 예수님을 위한 고난과 희생을 감수하려고 하지 않으면서 예수님을 따를 수는 없습니다.

토마스 아 켐피스는 『그리스도를 본받아』라는 책에서 그리스도인이 져야 할 십자가에 대해 다음과 같이 말했습니다.

"그리스도인은 십자가에서 도망칠 수 없다. 십자가를 피한다면 이미 그리스도를 따르는 자가 아니다. 밖으로 도망쳐도 십자가가 있고, 안으로 숨어도 거기 십자가가 있을 것이다. 위로 올라가도 십자가가 기다리고, 밑으로 파고들어도 십자가가 있을 것이다. 참고 순종하며 십자가를 져라. 그리하면 마지막에는 그 십자가가 너를 져줄 것이다."

십자가 없이 면류관이 없습니다. 희생이 없이 축복이 없습니다. 고난이 없이 하나님의 은혜가 우리에게 다가오지 않는 것입니다. 예수님께서 십자가를 감당하셨기 때문에 부활의 영광이 예수님께 임하였던 것을 기억하시기 바랍니다.

예수님의 제자들은 십자가를 피하지 않았습니다. 베드로는 십자가에서 거꾸로 달려 순교했고, 사도 바울은 참수형을 당해 순교했고, 바돌로매는 산 채로 살갗이 벗겨져 순교했고, 도마는 인도에서 창에 찔려 순교했다고 전해지고 있습니다. 이처럼 그들이 죽음조차도 두려워하지 않은 것은 예수님께서 가신 그 십자가의 길을 기꺼이 감사함으로 따랐기 때문입니다.

삶의 목적이 무엇인지 깨닫지 못하고 사는 사람은 불행한 사람입니다. 그러나 우리는 분명한 목적이 있습니다. 하나님의 영광을 위해서 살고, 예수 그리스도의 복음을 위해 사는 것이 우리의 삶의 목적이자, 사명입니다. 우리가 먼저 예수님의 참된 제자가 되어 많은 사람을 예수님의 제자의 길로 인도하는 것이 우리가 일평생 감당해야 할 사명입니다.

우리에게는 인생을 사는 분명한 목적이 있습니다. 내가 먼저 예수님의 참된 제자가 되고, 나를 만나는 모든 사람을 예수님의 제자로 변화시키는 것, 이것이 바로 우리의 삶의 목적이자, 존재의 이유입니다. 예수님만을 바라보고, 예수님만을 따르며, 자기 부인의 삶과 십자가를 지는 삶을 사십시오. 그러면 여러분을 통해 예수 그리스도의 계절이 이 땅 가운데 임하게 될 것입니다.

2

십자가 사랑

"예수께서 이르시되 네 마음을 다하고 목숨을 다하고 뜻을 다하여 주 너의 하나님을 사랑하라 하셨으니 이것이 크고 첫째 되는 계명이요 둘째도 그와 같으니 네 이웃을 네 자신 같이 사랑하라 하셨으니 이 두 계명이 온 율법과 선지자의 강령이니라"

마태복음 22장 37-40절

기독교 신앙의 핵심은 예수 그리스도의 십자가에 있습니다. 온 인류의 구원 사역이 예수 그리스도의 십자가에서 완성되었기 때문입니다. 하나님의 독생성자 예수 그리스도께서 이 땅에 오셔서 우리의 모든 죄를 짊어지시고 십자가에서 돌아가심으로 말미암아, 우리에게 구원의 은혜가 주어지게 되었고, 영혼이 잘됨 같이 범사가 잘되며 강건케 되는 축복이 임하게 되었습니다.

십자가는 위로부터 아래로 내려 온 수직선과 옆으로 뻗은 수평선, 이 두 개의 선으로 연결되어 있습니다. 위로부터 아래로 내려 온 수직선은 하나님 사랑을 의미하고, 옆으로 뻗은 수평선은 이웃 사랑을 의미합니다. 그래서 우리는 하나님을 사랑하고, 이웃을 사랑하며 살아가는 하나님의 자녀들이 되어야 합니다.

어느 날 율법 선생 한 사람이 예수님께 와서 "율법 중에 어느 계명이 크나이까?"라고 여쭈었습니다. 이에 예수님께서는 두 계명을 말씀하셨습니다. 하나는 하나님 사랑에 대한 것이요, 다른 하나는 이웃 사랑에 대한 것입니다. 이것이 바로 예수 그리스도의 십자가가 우리에게 가르쳐주는 사랑입니다.

첫째로, '하나님 사랑'에 대해서 말씀드리겠습니다.

예수님께서는 마태복음 22장 37-38절에서 "네 마음을 다하고 목숨을 다하고 뜻을 다하여 주 너의 하나님을 사랑하라 하셨으니 이것이 크고 첫째 되는 계명이요"라고 말씀하셨습니다.

우리는 일생을 사는 동안, 우리의 마음을 다하고, 목숨을 다하고, 뜻을 다해서 주 하나님을 사랑해야 합니다. 우리가 이토록 하나님을 사랑해야 하는 이유는 나같이 죄 많고, 허물 많고, 문제 많은 인간을 사랑하시고, 하나님의 자녀로 삼아주셨기 때문입니다.

로마서 5장 8절은 "우리가 아직 죄인 되었을 때에 그리스도께서 우리를 위하여 죽으심으로 하나님께서 우리에 대한 자기의 사랑을 확증하셨느니라"라고 말씀합니다. 우리를 향한 하나님의 사랑은 예수 그리스도의 십자가에서 증명되었습니다. 누군가 내 물질의 빚을 갚아줘도 참으로 고마운데, 우리의 능력으로는 갚으려야 갚을 수 없는 죄의 빚을 예수님께서 십자가에서 죽으심으로 청산해주셨으니, 이 얼마나 감사할 일입니까? 우리가 감사하고, 또 감사하고, 또 감사해도 모자랄 뿐입니다.

구원의 은혜에 감사할 줄 아는 사람만이 마음과 목숨과 뜻을 다해 하나님을 사랑할 수 있습니다. 또한 구원의 은혜에 감사하고 하나님의 영광을 위해 살아가는 사람이 됩니다.

우리 인생의 목적이 무엇입니까? 바로 하나님의 영광을 위해서 사는 것입니다. 이사야 43장 7절은 "내 이름으로 불려지는 모든 자 곧 내가 내 영광을 위하여 창조한 자를 오게 하라 그를 내가 지었고 그를 내가 만들었느니라"라고 말씀합니다. 우리는 하나님의 영광을 위해 창조되었습니다. 우리가 하는 모든 일 속에서 하나님만이 홀로 영광을 받으셔야 합니다.

사도 바울도 고린도전서 10장 31절에서 "그런즉 너희가 먹든지 마시든지 무엇을 하든지 다 하나님의 영광을 위하여 하라"라고 권면했습니다. 삶의 초점을 우리를 구원해주신 하나님께 영광을 돌리는 데에 맞출 때, 하나님께서 복에 복을 더해주십니다.

둘째로, '이웃 사랑'에 대해서 말씀드리겠습니다.

예수님께서는 마태복음 22장 39절에서 "둘째도 그와 같으니 네 이웃을 네 자신 같이 사랑하라"라고 말씀하셨습니다.

이웃 사랑에 대한 예수님의 기준은 '이웃을 자기 자신처럼 사랑하는 것'입니다. 사람들은 자기 자신을 무척 아끼고 사랑합니다. 자신의 외모를 꾸미고, 자신의 건강을 위하는 데에 많은 시간과 물질을 투자합니다. 특히 한국 사람들은 건강에 좋다고 하는 것은 가리지 않고 얼마나 잘 찾아 먹는지 모릅니다. 이처럼 자기 자신을 위해서 온갖 물질과 정성을 아끼지 않듯이, 우리는 이웃을 사랑해야 합니다.

그런데 그것이 쉽지가 않습니다. 특히 나에게 상처를 입힌 사람, 나를 어렵게 한 사람, 나에게 고통을 가져다준 사람, 나를 뒤에서 모함한 사람을 사랑하기란 쉽지가 않습니다. 그러나 예수님께서는 누가복음 6장 32-33절에서 "**너희**가 만일 **너희**를 사랑하는 자만을 사랑하면 칭찬 받을 것이 무엇이냐 죄인들도 사랑하는 자는 사랑하느니라 **너희**가 만일 선대하는 자만을 선대하면 칭찬 받을 것이 무엇이냐 죄인들도 이렇게 하느니라"라고 말씀하셨습니다.

우리가 하나님을 거역하며 죄에 빠져 살아가고 있었지만, 하나님께서는 그러한 우리를 사랑하셨습니다. 우리는 죄로 인해 죽을 수밖에 없었던 죄인들이었지만, 하나님께서는 예수님을 십자가에서 죽게 하심으로 우리를 구원해주셨습니다. 하나님의 마음을 아프게 하고, 하나님을 멀리 떠난 우리였지만, 하나님께서는 우리를 외면하지 않으시고 넓은 사랑의 품에 안아주셨습니다.

우리는 이와 같은 하나님의 사랑을 받는 하나님의 자녀입니다. 그러므로 우리도 우리에게 상처와 아픔, 고통과 눈물을 가져다준 사람까지도 사랑할 수 있어야 합니다.

예수님께서는 최후의 만찬을 나누시는 그 자리에서 제자들에게 "**새 계명을 너희에게 주노니 서로 사랑하라 내가 너희를 사랑한 것 같이 너희도 서로 사랑하라 너희가 서로 사랑하면 이로써 모든 사람이 너희가 내 제자인 줄 알리라**"(요 13:34-35)라고 분부하셨습니다. 우리가 서로 사랑하는 것은 우리가 예수님의 제자라는 증거입니다. 우리가 서로 사랑할 때, 모든 사람들이 우리가 예수님의 제자라는 것을 알게 될 것입니다.

셋째로, '사랑의 실천'에 대해서 말씀드리겠습니다.

참사랑은 희생이요, 실천입니다. 희생과 실천이 없는 사랑은 사랑이 아닙니다. 예수님께서는 우리를 구원하시기 위해 십자가에서 자기의 목숨을 희생하셨습니다. 또한 예수님께서는 굶주린 자에게 먹을 것을 주셨고, 병든 자를 고쳐주셨습니다. 예수님께서는 몸소 사랑을 실천하심으로 우리에게 사랑의 모범을 보여주셨습니다.

요한일서 3장 17-18절은 "누가 이 세상의 재물을 가지고 형제의 궁핍함을 보고도 도와 줄 마음을 닫으면 하나님의 사랑이 어찌 그 속에 거하겠느냐 자녀들아 우리가 말과 혀로만 사랑하지 말고 행함과 진실함으로 하자"라고 말씀합니다.

우리가 하나님을 진심으로 사랑한다면, 가난하고 헐벗고 굶주린 이웃을 위해 우리가 가진 것을 나눠야 합니다. 사랑은 나누면 나눌수록 풍성해지며, 많이 베풀수록 더 많은 사랑을 체험하게 됩니다. 우리가 베풀고 나누며 살아갈 때, 하나님께서 은혜에 은혜를 더해주시기 때문입니다.

로마서 13장 9-10절은 "간음하지 말라, 살인하지 말라, 도둑질 하지 말라, 탐내지 말라 한 것과 그 외에 다른 계명이 있을지라도 네 이웃을 네 자신과 같이 사랑하라 하신 그 말씀 가운데 다 들었느니라 사랑은 이웃에게 악을 행하지 아니하나니 그러므로 사랑은 율법의 완성이니라"라고 말씀합니다. 사랑은 율법의 완성입니다. 사랑을 실천하는 것이 우리를 향하신 하나님의 뜻을 이루는 것이라는 말씀입니다.

그렇다면 가장 큰 사랑의 실천은 무엇입니까? 그것은 바로 예수 그리스도의 복음을 증거하는 것입니다. 예수님을 믿지 않는 가족과 친척, 이웃에 복음을 전해 구원받게 하는 것이 가장 큰 사랑의 실천인 것입니다. 특히 예수님을 믿지 않는 부모님에게 가장 효도가 되는 것이 무엇이겠습니까? 예수님을 영접하게 함으로써 천국 백성이 되게 하고, 하나님의 사랑을 경험하게 해드리는 것입니다. 복음을 전하는 일에 최선을 다하는 성도가 가장 큰 사랑을 실천하는 성도라는 것을 꼭 기억하시기 바랍니다.

우리는 장차 앞서거니 뒤서거니 하며 이 세상을 떠나 예수님 앞에 서게 될 것입니다. 그때 여러분은 예수님께 무엇을 고백하시겠습니까? 우리는 "제가 하나님을 사랑하고 이웃을 사랑하다 왔습니다."라고 고백할 수 있어야 할 것입니다. 예수님께서는 하나님을 사랑하고 이웃을 사랑하는 것이 온 율법과 선지자의 강령이라고 말씀하셨습니다(마 22:40). 하나님을 사랑하고, 하나님께 받은 사랑을 이웃에게 베풀고 나누며 살아가시기를 바랍니다. 아름다운 사랑의 흔적을 남기는 여러분을 통해 하나님께서 영광을 받으시고, 많은 사람이 예수님께로 돌아오게 되기를 바랍니다.

3

예수님의 십자가

"그가 찔림은 우리의 허물 때문이요 그가 상함은 우리의 죄악 때문이라 그가 징계를 받으므로 우리는 평화를 누리고 그가 채찍에 맞으므로 우리는 나음을 받았도다" 이사야 53장 5절

예수님께서는 인류의 죄를 대속하시기 위해 십자가에 달려 돌아가셨습니다. 예수님의 십자가 희생과 사랑으로 말미암아 우리가 하나님의 자녀가 되었고 영혼이 잘됨같이 범사가 잘되고 육신이 강건함을 받는 은혜를 입게 되었습니다. 그러므로 우리가 올바른 신앙인으로 살아가기 위해서는 날마다 십자가의 의미를 깨닫고, 늘 십자가의 은혜를 경험해야 합니다.

예수님께서 오시기 약 700년 전, 이사야 선지자는 예수님의 십자가 고난에 대해 자세히 예언했습니다. 그는 이사야 53장 5절

을 통하여 예수님께서 십자가에서 고난당하시는 모습을 네 가지로 언급하였습니다. 이 말씀을 통해 일생 동안 예수님의 고난의 발자취를 따라가며, 예수님의 십자가의 은혜에 감사하는 여러분이 되시기를 바랍니다.

첫째로, '우리의 허물을 사하신 예수님'에 대해 살펴보기를 원합니다.

이사야 53장 5절은 "그가 찔림은 우리의 허물 때문이요"라고 말씀합니다. 여기서 '허물'은 하나님을 배반하고, 하나님 앞에 반역하며 살아온 우리의 모습을 가리킵니다. 사소한 실수나 단순한 연약함 정도가 아니라, 하나님을 향한 인간의 교만을 말합니다.

이사야 1장 2절은 "하늘이여 들으라 땅이여 귀를 기울이라 야훼께서 말씀하시기를 내가 자식을 양육하였거늘 그들이 나를 거역하였도다"라고 말씀합니다. 이 말씀처럼 우리는 교만하여 하나님 아버지의 뜻을 거역하고, 허물 많고 방탕한 삶을 살아왔습니다.

예수님께서는 우리의 많고 많은 허물을 사하시기 위해 머리에 가시 면류관을 쓰셨습니다. 날카로운 가시가 예수님의 머리를 찌르기 시작하자, 형언할 수 없는 고통 속에 피가 흘러내렸습니다. 그리고 예수님은 옆구리가 창으로 찔려 마지막 피와 물이 나오기까지 고난을 당하셨습니다. 하나님께서는 우리의 모든 허물을 덮어주시기 위해 예수님을 이 땅에 보내셨고 예수님께서는 온몸에 피를 흘리시고 십자가에 죽으시기까지 우리를 사랑하셨습니다.

사실 예수님께 가시 면류관을 씌운 것은 로마 군인들이 아니라 바로 우리입니다. 우리의 허물이 예수님의 허리를 창으로 찌른 것입니다. 그러므로 우리의 허물을 사하시기 위해 대신 고통 당하신 예수님의 은혜에 항상 감사하는 여러분이 되시기를 바랍니다.

둘째로, '우리의 죄를 짊어지신 예수님'에 대해 살펴보기를 원합니다.

이사야 53장 5절은 "그가 상함은 우리의 죄악 때문이라"라고 말씀합니다. 여기서 '상함'은 짓밟혀 뼈가 완전히 으스러지는 상태를 말합니다.

시편 22편 14절은 장차 메시아가 당할 고통에 대해서 "나는 물 같이 쏟아졌으며 내 모든 뼈는 어그러졌으며 내 마음은 밀랍 같아서 내 속에서 녹았으며"라고 말씀합니다. 예수님께서는 뼈 마디마디마다 고통을 겪으셨습니다. 얼마나 그 몸이 부서지고 상했던지, 예수님을 본 사람들이 다 놀랄 정도였습니다. 이사야 52장 14절은 "전에는 그의 모양이 타인보다 상하였고 그의 모습이 사람들보다 상하였으므로 많은 사람이 그에 대하여 놀랐거니와"라고 말씀합니다.

도대체 무엇 때문에 아무런 죄 없으신 예수님께서 이처럼 고통을 당하셔야 했습니까? 바로 우리가 지은 죄 때문입니다. 우리가 하나님의 뜻을 따르지 않고, 내 뜻대로, 내 고집대로, 내 중심대로 살았기 때문입니다. 이사야 53장 6절은 "우리는 다 양 같아서 그릇 행하여 각기 제 길로 갔거늘 야훼께서는 우리 모두의 죄악을 그에게 담당시키셨도다"라고 말씀합니다.

하나님께서는 부모의 마음으로 자녀인 우리를 포기하지 않으셨습니다. 시편 103편 13절은 "아버지가 자식을 긍휼히 여김 같이 야훼께서는 자기를 경외하는 자를 긍휼히 여기시나니"라고 말씀합니다. 하나님께서는 부모의 사랑으로 우리의 죄를 용서하셨습니다. 그리고 우리의 죄의 문제를 해결하시기 위해 독생자 예수님을 우리에게 내어주셨습니다. 예수님께서 십자가에 못 박혀 돌아가심으로 우리의 모든 죄가 다 청산된 것입니다. 이것이 바로 목숨까지 다 바치신 십자가의 사랑입니다. 그러므로 날마다 십자가의 사랑에 감사하고, 하나님의 뜻에 순종하며 사는 여러분이 되시기를 바랍니다.

셋째로, '우리에게 평화를 주신 예수님'에 대해 살펴보기를 원합니다.

이사야 53장 5절은 "그가 징계를 받으므로 우리는 평화를 누리고"라고 말씀합니다. 예수님께서 우리를 대신하여 징계를 받으심으로 하나님과의 관계가 회복되었고, 평화가 다가왔습니다.

아담과 하와는 범죄한 후에 에덴동산에서 쫓겨나 하나님과 멀어지게 되었습니다. 하나님과 인간 사이의 관계가 단절되고, 분리된 것입니다. 이사야 59장 2절은 "오직 너희 죄악이 너희와 너희 하나님 사이를 갈라 놓았고 너희 죄가 그의 얼굴을 가리어서 너희에게서 듣지 않으시게 함이니라"라고 말씀합니다.

인간은 하나님과의 멀어진 관계를 스스로 회복할 수가 없었습니다. 그러나 예수님께서 우리의 대제사장이 되심으로 하나님과 인간 사이에 죄로 인해 끊어졌던 관계를 완전히 회복시켜 주셨습니다. 그래서 우리가 연약함에도 불구하고 하나님께 가까이 나아갈 수 있게 된 것입니다. 히브리서 10장 19절부터 20절은 "그러므로 형제들아 우리가 예수의 피를 힘입어 성소에 들어갈 담력을 얻었나니 그 길은 우리를 위하여 휘장 가운데로 열어 놓으신 새로운 살 길이요 휘장은 곧 그의 육체니라"라고 말씀합니다.

예수님께서 십자가에 못 박혀 "다 이루었다"라고 말씀하시는 순간, 하나님과 인간 사이에 막혀있던 죄악의 담이 허물어졌습니다. 그래서 이제는 누구든지 예수님을 믿기만 하면, 하나님께 당당히 나아갈 수 있게 되었습니다. 예수님께서 우리를 대신하여 징계를 받으심으로, 하나님과 우리 사이가 화목하게 되었습니다. 우리의 삶에 참된 평화가 주어진 것입니다.

그러므로 우리가 하나님과 평화를 누리기 위해서는 날마다 예수 그리스도의 십자가 앞에 나아가야 합니다. 참된 평화는 예수 그리스도의 십자가를 통해서만 우리에게 주어집니다. 늘 예수 그리스도의 십자가 사랑으로 놀라운 평화를 체험하는 여러분이 되시기를 바랍니다.

**넷째로, '우리에게 치료를 주신 예수님'에 대해
살펴보기를 원합니다.**

이사야 53장 5절은 "그가 채찍에 맞으므로 우리는 나음을 받았도다"라고 말씀합니다. 예수님께서는 우리의 모든 병을 고치시기 위해서 채찍에 맞아 피를 흘리셨습니다.

예수님께서는 병에 걸려 고통당하는 자들의 아픔을 아시고, 불쌍히 여기시고, 그들의 병을 고쳐주셨습니다. 복음서를 보면 예수님의 공생애 사역 가운데 3분의 2는 병을 고치시는 사역이었습니다. 예수님께서는 두루 다니시며 모든 병과 모든 약한 것을 고치셨습니다.

예수님께서는 우리를 사랑하셔서, 우리를 병으로부터 자유케 하시기 위해 채찍에 맞으셨습니다. 베드로전서 2장 24절은 "친히 나무에 달려 그 몸으로 우리 죄를 담당하셨으니 이는 우리로 죄에 대하여 죽고 의에 대하여 살게 하려 하심이라 그가 채찍에 맞음으로 너희는 나음을 얻었나니"라고 말씀합니다.

예수님 당시 로마 군인들이 쓰던 채찍은, 그 끝에 납 구슬과 짐승의 날카로운 뼛조각이 달려있었습니다. 그래서 몸에 채찍을 맞으면, 살점이 다 찢겨나가는 고통을 당하게 됩니다. 예수님께서 이 채찍에 맞아 온 등이 찢기시고, 피를 흘리신 것입니다.

왜 아무런 죄가 없으신 예수님께서 이와 같은 고난을 당하셨습니까? 그것은 바로 인류의 죄로 말미암아 다가온 모든 질병과 약함을 치료하시기 위해서였습니다. 예수님께서 채찍에 맞으심으로 우리의 영, 혼, 육이 치유되고, 환경의 저주가 멸하여진 것입니다.

예수님께서는 지금도 우리와 함께하셔서, 우리를 치료하시기 원하십니다. 히브리서 13장 8절은 "예수 그리스도는 어제나 오늘이나 영원토록 동일하시니라"라고 말씀합니다. 그러므로 우리는 예수님의 십자가 앞에 나아가야 합니다. 예수님께서는 우리의 위대한 치료자이시며, 영원한 의사가 되십니다. 병든 몸 그대로 예수님께 나아와 치료받고, 새 생명을 얻는 여러분이 되시기를 바랍니다.

예수님께서는 우리의 모든 허물을 사하시기 위해서 창과 가시에 찔리시고, 우리의 죄를 사하시기 위해서 온몸이 상하셨습니다.

우리에게 평화를 주시기 위해서 징계를 받으시고, 우리에게 치료를 주시기 위해서 채찍에 맞으셨습니다. 그러므로 이제 우리는 어떠한 고난을 당할지라도 좌절하거나 낙심하지 말아야 합니다. 십자가 앞에 담대히 나아가 예수님의 이름과 보혈의 능력으로 병과 싸워 이기고, 죄와 싸워 이겨야 합니다. 십자가에서 이루어놓으신 승리를 날마다 누리는 여러분이 되시기를 바랍니다.

 **예화** 성자 프란체스코 이야기

유명한 아시시의 성자인 프란체스코가 구원받은 지 얼마 되지 않아 겪은 이야기이다. 어느 날 그는 길을 가다가 우연히 나병 환자를 만났다. 그 나병 환자를 본 순간 마음에 갈등이 일어났다. 한편은 그에게 가서 기도해주고 싶은 마음이었고, 다른 한편은 '병자로부터 병이 전염되면 어떡하나?' 하는 두려운 마음이었다. 결국 두려운 마음이 앞서 병자를 그냥 지나쳤다. 그런데 성령께서 그의 마음에 부담을 느끼게 하셨다.

그는 마음에 생긴 부담 때문에 그 자리에 서서 기도했다.

"주님, 제가 병자를 그냥 지나쳤는데 그것이 잘못입니까?"

그러자 주님께서 "왜 그를 그냥 지나쳤느냐?"라고 물으셨다. 그는 솔직하게 "그가 너무 더럽게 느껴져서 그 병이 전염될까봐 그랬습니다."라고 고백했다.

그때 그에게 주님의 음성이 들려왔다.

"너는 그 더러운 병자보다 나으냐? 너는 이전에 그 병자보다 더 더럽혀진 죄인이었다. 그런데 난 그런 너의 모습을 그대로 받아주고 사랑했단다." 그 순간 그는 나병환자보다 더 추하고 더러운 죄인이었던 자신에게 주님이 찾아와 사랑으로 받아주셨음을 다시 한 번 깨닫게 되었다.

그는 다시 병자에게 돌아가 그를 끌어안고 기도했다. 이때부터 아시시의 성자 프란체스코는 알베르나의 산록에서 마지막 숨을 거두기까지 평생 나병 환자와 소외되고 병든 자의 친구로 살았다. 그리고 그는 생의 목숨이 다하는 그 순간에 "나의 사랑, 나의 전부이신 예수여"라는 고백을 했다.

2
작은 예수가 되는 길

말씀의 영성

4_ 네 가지 땅에 떨어진 씨앗

5_ 말씀과 믿음

6_ 하나님의 음성

4

네 가지 땅에 떨어진 씨앗

"그 날 예수께서 집에서 나가사 바닷가에 앉으시매 큰 무리가 그에게로 모여 들거늘 예수께서 배에 올라가 앉으시고 온 무리는 해변에 서 있더니 예수께서 비유로 여러 가지를 그들에게 말씀하여 이르시되 씨를 뿌리는 자가 뿌리러 나가서 뿌릴새 더러는 길가에 떨어지매 새들이 와서 먹어버렸고 더러는 흙이 얕은 돌밭에 떨어지매 흙이 깊지 아니하므로 곧 싹이 나오나 해가 돋은 후에 타서 뿌리가 없으므로 말랐고 더러는 가시떨기 위에 떨어지매 가시가 자라서 기운을 막았고 더러는 좋은 땅에 떨어지매 어떤 것은 백 배, 어떤 것은 육십 배, 어떤 것은 삼십 배의 결실을 하였느니라 귀 있는 자는 들으라 하시니라" 마태복음 13장 1-9절

같은 신앙생활을 해도 열매를 맺는 사람이 있고, 열매를 잘 맺지 못하는 사람이 있습니다. 열매를 맺지 못하는 사람은 삶 속에 하나님의 능력이 나타나지 않고, 늘 문제 가운데 머물러 있게 됩니다. 그러나 풍성한 하나님의 열매를 맺는 사람은 더 많은 은혜와 축복을 받아누립니다. 하나님께서는 하나님의 영광을 위해서

열매 맺는 사람을 축복하시고 그 길을 인도해주십니다.

    이와 같은 사실은 예수님께서 '네 가지 땅에 떨어진 씨앗'을 비유로 들어 하신 말씀에서 찾아볼 수 있습니다. 한 농부가 나가서 씨앗을 뿌리는데 그 씨앗 일부가 길가에 떨어지거나, 돌밭에 떨어지거나, 가시떨기 밭에 떨어지거나, 좋은 땅에 떨어졌습니다. 그런데 좋은 땅에 떨어진 씨앗만이 백 배, 육십 배, 삼십 배 열매를 맺었습니다. 이 비유에서 씨앗을 뿌리는 농부는 하나님이시고, 씨앗은 복음의 말씀이며, 네 종류의 땅은 우리의 마음을 말합니다. 오늘은 '네 가지 땅에 떨어진 씨앗' 비유를 통해 우리의 마음이 어떤 상태인지 살펴보고, 풍성한 열매를 맺는 좋은 땅이 되기 위해서는 어떻게 해야 하는지 함께 생각해보고자 합니다.

첫째로, '길가에 떨어진 씨앗'에 대해서 말씀드리기 원합니다.

    마태복음 13장 4절은 **"뿌릴새 더러는 길가에 떨어지매 새들이 와서 먹어버렸고"**라고 말씀합니다. 예수님 당시에 팔레스타인 지역의 농부들은 우기가 시작되는 10월부터 11월에 씨앗 주머니를 허리춤에 차고 씨앗을 뿌렸습니다. 씨앗을 뿌릴 때 바람이 불면, 씨앗이 길가에 떨어지기도 합니다. 사람들이 많이 왕래하는 길가의 땅은 딱딱하게 굳어있어서 씨앗이 뿌리를 내리지 못합니다. 이때 새들이 이 씨앗을 먹어버리는 것입니다.

이 비유는 복음이 전파될 때 마음이 굳어져있으면, 말씀이 뿌리를 내리지 못하고 결국 사탄에게 빼앗겨버린다는 것을 의미합니다. 마태복음 13장 19절은 "아무나 천국 말씀을 듣고 깨닫지 못할 때는 악한 자가 와서 그 마음에 뿌려진 것을 빼앗나니 이는 곧 길가에 뿌려진 자요"라고 말씀합니다.

우리가 말씀을 들을 때 하나님의 은혜가 임하면, 그 말씀이 뿌리를 내리고 자라서 열매를 맺게 됩니다. 그러나 세상에서 시련을 많이 겪고 문제가 많았던 사람들은 은혜를 받는 데 종종 어려움을 겪습니다. 마음이 여러 가지 시련을 겪으면서 굳어졌기 때문입니다. 습관적으로 죄를 짓는 사람들 또한 그 죄로 인해 마음이 굳어져 말씀이 뿌리를 내리지 못합니다. 우리는 이런 마음을 철저하게 회개의 불도저로 갈아엎어야 합니다.

호세아 10장 12절은 "너희 묵은 땅을 기경하라 지금이 곧 야훼를 찾을 때니 마침내 야훼께서 오사 공의를 비처럼 너희에게 내리시리라"라고 말씀합니다. 하나님 앞에 나아와 철저하게 나의 죄를 회개하고, 영적으로 무기력했던 나의 모습을 회개하고, 은혜

받는 데 무관심했던 모습을 회개해야 합니다. 그러면 하나님께서 굳은 땅을 깨뜨리고 갈아엎어주셔서, 말씀이 떨어질 때 뿌리를 내려 자라게 하시고 열매를 맺게 만들어주실 것입니다. 날마다 여러분에게 회개의 영이 부어져서 여러분 마음이 새로워지는 은혜가 있기를 바랍니다.

둘째로, '돌밭에 떨어진 씨앗'에 대해서 말씀드리기 원합니다.

마태복음 13장 5-6절은 "더러는 흙이 얕은 돌밭에 떨어지매 흙이 깊지 아니하므로 곧 싹이 나오나 해가 돋은 후에 타서 뿌리가 없으므로 말랐고"라고 말씀합니다. 이스라엘의 토질은 대부분 석회석으로 이루어져 돌밭이 많습니다. 이러한 돌밭에 씨앗이 떨어지면 위쪽 흙 부분에는 잠시 싹이 나지만, 아래에 있는 돌로 인해 뿌리를 내리지 못하고 태양이 뜨면 곧 말라 죽게 됩니다.

돌밭의 마음을 가진 사람은 말씀을 들을 때 잠깐 반짝하고 은혜를 받지만, 환난이나 문제가 다가오면 좌절하여 다시 옛 모습으로 돌아가는 것을 의미합니다. 마음속에 미움의 돌덩이리, 원망의 돌덩어리, 섭섭함의 돌덩어리들이 자리 잡고 있어서 신앙이 뿌리를 내리지 못하게 되는 것입니다. 마태복음 13장 20-21절은 "돌밭에 뿌려졌다는 것은 말씀을 듣고 즉시 기쁨으로 받되 그 속에 뿌리가 없어 잠시 견디다가 말씀으로 말미암아 환난이나 박해가 일어날 때에는 곧 넘어지는 자요"라고 말씀합니다.

그러므로 우리는 마음속에 있는 돌덩어리들을 해결해야 됩니다. 날마다 말씀의 방망이로 마음의 돌덩어리들을 깨어 부셔야 합니다. 마음속의 돌덩이들을 제거하지 않으면, 평생 우리의 짐이 되어 우리를 짓누릅니다. 예레미야 23장 29절은 "야훼의 말씀이니라 내 말이 불 같지 아니하냐 바위를 쳐서 부스러드리는 방망이 같지 아니하냐"라고 말씀합니다.

우리 모두는 알게 모르게 돌덩어리들을 다 갖고 있습니다. 아픔의 돌덩어리, 미움의 돌덩어리, 상처의 돌덩어리, 분노의 돌덩어리들입니다. 지금 이 시간에 이 모든 돌덩어리들을 말씀의 방망이로 때려 부수어, 여러분의 마음이 옥토로 변화되는 역사가 나타나기를 바랍니다.

셋째로, '가시떨기 밭에 떨어진 씨앗'에 대해서 말씀드리기 원합니다.

마태복음 13장 7절은 "더러는 가시떨기 위에 떨어지매 가시가 자라서 기운을 막았고"라고 말씀합니다. 이스라엘 지역은 건조한 날씨로 인해 농경지 주변에 가시떨기가 많이 자랍니다. 가시떨기는 번식력이 강해서 빨리 자랄 뿐 아니라 주변의 식물들을 자라지 못하게 합니다. 그러므로 가시떨기 위에 떨어진 씨앗은 제대로 열매를 맺지 못하게 됩니다.

이 비유는 사람들이 말씀을 듣지만 염려와 근심, 탐욕과 같은 가시떨기로 인해 신앙이 자라지 않는 것을 뜻합니다. 마태복음 13장 22절은 "가시떨기에 뿌려졌다는 것은 말씀을 들으나 세상의 염려와 재물의 유혹에 말씀이 막혀 결실하지 못하는 자요"라고 말씀합니다. 염려와 근심, 걱정, 탐욕과 같은 가시떨기는 사람들로 하여금 말씀이 살아서 역사하지 못하게 하는 것입니다.

오직 '성령의 불'만이 세상에 대한 탐욕의 가시떨기, 이 세상에 대한 염려의 가시떨기를 태워버릴 수 있습니다. 성령의 불이 임하면 염려도 사라지고, 탐욕도 사라지고, 우리 마음속에 모든 부정적인 생각이 떠나가버립니다. 그러므로 성령의 충만함을 받아 신앙이 날로 성장할 수 있기를 바랍니다.

넷째로, '좋은 땅에 떨어진 씨앗'에 대해서 말씀드리기 원합니다.

마태복음 13장 8절은 "더러는 좋은 땅에 떨어지매 어떤 것은 백 배, 어떤 것은 육십 배, 어떤 것은 삼십 배의 결실을 하였느니라"라고 말씀합니다.

좋은 땅에 뿌려졌다는 것은 말씀을 듣고 깨달아 백 배, 육십 배, 삼십 배로 결실을 맺는 것을 말합니다. 우리의 마음이 옥토로 변화되면, 하나님께서 놀라운 은혜와 축복을 넘치게 부어주십니다.

지금까지 우리는 마음속의 네 가지 밭의 모습을 살펴보았습니다. 우리 마음속에는 성장하면서 받은 상처의 돌덩어리도 있고, 세상에서 살면서 피곤하고 지쳐 굳어진 모습도 있습니다. 또 세상의 염려와 근심, 탐욕 때문에 가시도 많이 나 있습니다.

우리는 이 모든 문제를 하나님 앞에서 해결해야 됩니다. 우리가 회개하고, 말씀을 묵상하면, 우리 마음속에 있는 굳은 땅이 갈아엎어지고, 돌덩어리들이 다 깨어질 것입니다. 그리고 기도를 통해 성령충만을 받으면, 성령의 불이 가시떨기를 태워버립니다. 그러면 우리 마음이 옥토로 변화되고, 하나님께서 우리에게 큰 축복을 주셔서 우리 삶을 통하여 하나님의 영광이 온 천하에 나타나게 되는 것입니다. 여러분 모두의 마음이 좋은 땅으로 변화되어 백 배, 육십 배, 삼십 배로 풍성한 열매를 맺게 되시기를 예수님의 이름으로 축원합니다.

5

말씀과 믿음

"그러므로 믿음은 들음에서 나며 들음은 그리스도의 말씀으로 말미암았느니라" 로마서 10장 17절

신앙생활은 예수님으로부터 시작해서 예수님으로 완성됩니다. 내 삶의 첫째도 예수님, 둘째도 예수님, 마지막도 예수님입니다. 그러므로 우리의 속사람이 예수님을 닮아가고, 우리의 모습 속에서 예수님의 모습이 나타나고, 우리가 하는 모든 일 가운데 예수님의 역사가 이루어져야 합니다. 그런데 우리가 예수님을 닮고, 예수님을 드러내는 예수님의 일꾼이 되기 위해서는 믿음으로 충만해야 하고, 그 믿음은 말씀에 뿌리를 내리고 있어야 합니다. 따라서 오늘은 말씀과 믿음에 대해서 함께 은혜를 나누기를

원합니다.

첫째로, 우리는 날마다 '주님의 음성'을 들어야 합니다.

로마서 10장 17절은 "그러므로 믿음은 들음에서 나며"라고 말씀합니다. 우리는 이 세상을 살면서 많은 소리를 듣게 됩니다. 그런데 세상의 소리, 사람의 소리는 대부분 우리를 낙심케 하고, 상처를 입히고, 고통에 빠지게 합니다.

그러나 주님의 음성은 그렇지 않습니다. 주님의 음성은 우리에게 언제나 기쁨과 평안함을 줄 뿐 아니라, 치료와 용서를 줍니다. 주님의 음성을 들을 때 우리 영혼이 살아나게 되는 것입니다.

요한복음 10장 27-28절은 "내 양은 내 음성을 들으며 나는 그들을 알며 그들은 나를 따르느니라 내가 그들에게 영생을 주노니 영원히 멸망하지 아니할 것이요 또 그들을 내 손에서 빼앗을 자가 없느니라"라고 말씀합니다. 우리는 예수님의 양이기 때문에 예수님의 음성을 들어야 합니다. 또한 예수님께서는 그의 양들인 우리를 붙들어주시고, 우리와 함께해주시기 때문에 그 누구도 우리를 예수님의 손에서 빼앗을 수가 없습니다.

우리는 언제 주님의 음성을 들을 수 있습니까? 바로 우리가 주님을 예배할 때 주님의 음성을 들을 수 있습니다. 요한복음 4장 23-24절은 "아버지께 참되게 예배하는 자들은 영과 진리로 예배할 때가 오나니 곧 이 때라 아버지께서는 자기에게 이렇게 예배하는 자들을 찾으시느니라 하나님은 영이시니 예배하는 자가 영과 진리로 예배할지니라"라고 말씀합니다. 하나님께서는 지금도 예배드리는 자를 찾고 계시고 예배드리는 자에게 그 음성을 들려주시는 것입니다.

또한 우리는 말씀을 사모하고 말씀을 묵상해야 합니다. 말씀을 통해 주님의 음성을 들을 수 있기 때문입니다. 시편 119편 103절은 "주의 말씀의 맛이 내게 어찌 그리 단지요 내 입에 꿀보다 더 다니이다"라고 말씀하고 있으며, 시편 1편 1-2절은 "복 있는 사람은 악인들의 꾀를 따르지 아니하며 죄인들의 길에 서지 아니하며 오만한 자들의 자리에 앉지 아니하고 오직 야훼의 율법을 즐거워하여 그의 율법을 주야로 묵상하는도다"라고 말씀합니다.

우리가 일생을 하나님께 예배드리는 데 최선을 다하고 말씀을 사모해야 합니다. 우리가 마음과 뜻과 정성을 다하여 예수님 앞에 예배드릴 때 우리에게 은혜가 임하고, 치료가 임합니다. 또한 말씀을 통해 모든 결박이 풀어지고 자유함을 받게 됩니다. 그러므로 예배에 최선을 다하고 말씀을 늘 사모하는 여러분이 되시기를 바랍니다.

둘째로, 우리는 날마다 '그리스도의 말씀' 위에 서야 합니다.

우리는 날마다 예수님의 음성을 듣기를 힘쓰고, 그리스도의 말씀에 굳건히 서야 합니다. 로마서 10장 17절은 "들음은 그리스도의 말씀으로 말미암았느니라"라고 말씀합니다.

인류의 유일한 희망은 예수 그리스도 한 분 밖에 없습니다. 다른 구원의 길은 없습니다. 예수님만이 길이요, 진리요, 생명이 되십니다. 그래서 요한복음 14장 6절은 "예수께서 이르시되 내가 곧 길이요 진리요 생명이니 나로 말미암지 않고는 아버지께로 올 자가 없느니라"라고 말씀하며, 요한복음 5장 24절은 "내가 진실로 진실로 너희에게 이르노니 내 말을 듣고 또 나 보내신 이를 믿는 자는 영생을 얻었고 심판에 이르지 아니하나니 사망에서 생명으로 옮겼느니라"라고 말씀합니다.

또한 모든 성경 말씀에는 예수님의 보혈이 가득합니다. 창세기 1장 1절부터 계시록 22장 마지막 절까지 예수님께서 흘리신 피가 방울방울 적셔져있습니다. 따라서 말씀을 읽을 때 예수님의 보혈이 우리 마음 가운데 뿌려집니다. 예수님의 보혈이 우리 마음에 뿌려질 때 마음의 상처가 치유되고 연약한 육신이 강건케 되고 질병이 떠나가고 문제가 해결되고 기적이 일어납니다. 이것이 예수님의 보혈의 능력입니다.

뿐만 아니라 말씀 속에 가득한 예수님의 보혈은 우리의 죄를 사할 죄 사함의 근거입니다. 아담과 하와가 죄를 지었을 때 하나님께서는 그들의 수치를 가리기 위해서 짐승을 잡아 피를 흘리시고 가죽 옷을 지어 입히셨습니다. 아담과 하와는 자신들의 죄 때문에 죄 없는 짐승이 피를 흘려 죽는 것을 보았습니다. 이것은 장차 죄 없는 예수님께서 우리를 대신하여 십자가에 죽으실 것을 상징적으로 보여주신 것입니다. 실제로 죄 없으신 예수님께서는 십자가에 달려 돌아가심으로 우리에게 구원의 문을 열어주셨습니다.

히브리서 9장 22절은 "율법을 따라 거의 모든 물건이 피로써 정결하게 되나니 피흘림이 없은즉 사함이 없느니라"라고 말씀합니다. 예수님께서 우리 죄를 대신해 십자가에서 피를 흘려 죽으심으로 예수님을 믿는 자는 누구나 구원받고, 성령충만을 받게 되었습니다. 그러므로 말씀을 듣고, 믿고, 의지함으로 말미암아 날마다 보혈의 능력을 체험하고 성령충만을 받는 여러분이 되시기를 바랍니다.

셋째로, 우리는 날마다 '믿음'으로 전진해나가야 합니다.

우리는 말씀과 예수님의 보혈의 능력으로 무장한 다음 믿음의 전진을 해야 됩니다. 믿음으로 전진할 때, 하나님께서 우리에게 복을 내려주십니다. 로마서 10장 17절은 "그러므로 믿음은 들음에서 나며 들음은 그리스도의 말씀으로 말미암았느니라"라고 말씀합니다.

믿음은 우리가 예수님의 음성을 들을 때 생겨납니다. 우리가 듣는 이 음성은 하나님 말씀입니다. 이 말씀의 주인공이 바로 예수 그리스도이십니다. 예수님을 만나고, 예수님의 음성을 듣고, 변화받을 때, 우리 일생이 복된 일생으로 변화되는 것입니다.

예수님을 믿는 사람은 예수님을 믿는 믿음으로 평생을 삽니다. 우리는 예수를 믿는 믿음으로 구원받고, 말씀의 은혜를 체험하고, 성령충만을 받아서 세상에 나가 죄와 싸워 이길 수 있습니다. 예수님의 사랑을 실천하는 예수님의 귀한 일꾼으로 쓰임을 받게 됩니다.

　믿음의 놀라운 역사에 대해서 마태복음 17장 20절은 "진실로 너희에게 이르노니 만일 너희에게 믿음이 겨자씨 한 알 만큼만 있어도 이 산을 명하여 여기서 저기로 옮겨지라 하면 옮겨질 것이요 또 너희가 못할 것이 없으리라"라고 말씀합니다.

　세계 역사는 꿈꾸고 믿고 바라보는 사람들에 의해서 움직여 왔습니다. 히브리서 11장 1절은 "믿음은 바라는 것들의 실상이요 보이지 않는 것들의 증거니"라고 말씀합니다. 우리가 믿고 의지하고 바라보고 나아가면 기적과 축복이 다가옵니다.

　우리 눈에 불가능한 것처럼 보이는 것도 절대 긍정의 믿음을 가지고 약속의 말씀을 믿고 의지하고 나가면, 불가능이 변하여 가능이 됩니다. 문제가 변하여 축복이 됩니다.

　히브리서 11장 6절은 "믿음이 없이는 하나님을 기쁘시게 하지 못하나니 하나님께 나아가는 자는 반드시 그가 계신 것과 또한 그가 자기를 찾는 자들에게 상 주시는 이심을 믿어야 할지니라"라고 말씀합니다. 또한 로마서 8장 28절은 "우리가 알거니와 하나님을 사랑하는 자 곧 그의 뜻대로 부르심을 입은 자들에게는 모든 것이 합력하여 선을 이루느니라"라고 말씀합니다.

　그러므로 우리는 말씀을 붙잡고 절대 긍정의 믿음으로 전진해야 합니다. 우리 삶에 환난과 괴로움과 고통이 다가와도 절대 긍정의 믿음으로 무장해서 오직 하나님의 음성에만 귀를 기울이고 예수님의 말씀을 붙잡고 예수님의 십자가의 능력을 의지하고 나아가야 합니다.

믿음은 듣는 것에서부터 시작됩니다. 따라서 예배 가운데 주님의 음성을 들을 수 있기를 바랍니다. 날마다 말씀을 듣고, 읽고, 묵상하시기를 바랍니다. 말씀을 통해 십자가의 능력을 체험하시기 바랍니다. 그러면 여러분의 삶에 놀라운 일이 일어나고, 주님의 영광을 나타내는 주님의 귀한 일꾼이 될 줄로 믿습니다.

6

하나님의 음성

"여자가 그 나무를 본즉 먹음직도 하고 보암직도 하고 지혜롭게 할 만큼 탐스럽기도 한 나무인지라 여자가 그 열매를 따먹고 자기와 함께 있는 남편에게도 주매 그도 먹은지라 이에 그들의 눈이 밝아져 자기들이 벗은 줄을 알고 무화과나무 잎을 엮어 치마로 삼았더라 그들이 그 날 바람이 불 때 동산에 거니시는 야훼 하나님의 소리를 듣고 아담과 그의 아내가 야훼 하나님의 낯을 피하여 동산 나무 사이에 숨은지라 야훼 하나님이 아담을 부르시며 그에게 이르시되 네가 어디 있느냐 이르되 내가 동산에서 하나님의 소리를 듣고 내가 벗었으므로 두려워하여 숨었나이다"

창세기 3장 6-10절

우리는 일생을 살아가면서 수많은 음성을 듣게 됩니다. 마귀는 온갖 달콤한 유혹의 말로 우리에게 다가와 우리의 삶을 도둑질하고 죽이고 멸망시키려고 합니다. 또한 마귀가 권세를 잡고 있는 이 세상과 그 가운데서 죄의 종노릇하며 살아가는 사람들은 우리에게 상처를 입히고 절망케 하며 낙심을 가져다줍니다. 그러나 하나님의 음성은 늘 우리에게 꿈과 희망을 주고, 우리를 살리고 치료하며, 우리에게 사랑과 용서를 줍니다. 그러므로 우리는 세상의 음성이나 사람의 음성에 귀를 기울이지 말고, 늘 영의 귀를 열고 하나님의 음성 듣기를 사모해야 합니다. 우리가 하나님의 음성을 듣고 순종하며 나아가면, 항상 승리하는 삶을 살아갈 수 있습니다.

첫 사람 아담과 하와는 에덴동산에서 하나님과 교제를 나누며 복된 삶을 살았습니다. 그러나 마귀의 말을 듣고 유혹에 넘어가 죄를 짓고 말았습니다. 이를 통해 오늘 우리에게 주시는 영적인 교훈을 살펴보고자 합니다.

첫째, '하와가 들은 음성'에 대해서 말씀드리겠습니다.

하나님께서는 천지와 만물을 창조하신 후에 사람을 지어 에덴동산에서 만물을 다스리고 지키며 살게 하셨습니다. 그리고 그에게 단 한 가지를 금하셨습니다. 창세기 2장 16-17절은 "야훼 하나님이 그 사람에게 명하여 이르시되 동산 각종 나무의 열매는 네가 임의로 먹되 선악을 알게 하는 나무의 열매는 먹지 말라 네가 먹는 날에는 반드시 죽으리라 하시니라"라고 말씀합니다.

하나님께서는 아담을 지으실 때, 그에게 자유의지를 주셔서 그가 스스로 모든 것을 판단하고 결정할 수 있게 하셨습니다. 그리고 그가 이 자유의지를 가지고 스스로 하나님을 기쁘시게 하는 삶을 살기 원하셨습니다. 그래서 하나님의 주권을 상징하는 선악을 알게 하는 나무를 지정하시고, 그것을 "먹지 말라"라고 명령하셨습니다. 이 나무의 열매를 먹는다는 것은 곧 하나님의 주권을 침해하는 큰 죄였습니다. 그런 다음 하나님께서는 아담을 깊이 잠들게 하시고, 그의 갈비뼈를 취하셔서 하와를 만드셨습니다.

그러던 어느 날, 사탄의 지배하에 있던 뱀이 하와를 찾아왔습니다. 창세기 3장 4-5절은 "뱀이 여자에게 이르되 너희가 결코 죽지 아니하리라 너희가 그것을 먹는 날에는 너희 눈이 밝아져 하나님과 같이 되어 선악을 알 줄 하나님이 아심이니라"라고 말씀합니다. 이처럼 마귀는 하와에게 "절대 안 죽는다. 오히려 네가 먹으면 하나님처럼 될 것이다."라고 유혹한 것입니다.

마귀의 음성을 들은 하와의 마음속에 교만이 들어왔습니다. 창세기 3장 6절은 "여자가 그 나무를 본즉 먹음직도 하고 보암직도 하고 지혜롭게 할 만큼 탐스럽기도 한 나무인지라 여자가 그 열매를 따먹고 자기와 함께 있는 남편에게도 주매 그도 먹은지라"라고 말씀합니다. 하나님처럼 될 수 있다는 마귀의 말에 결국 하와는 선악과를 따먹고, 아담에게도 그것을 줌으로써 하나님의 명령을 어기고 말았습니다.

인간이 하나님처럼 되고자 하는 것은 교만이요, 모든 죄의 뿌리입니다. 잠언 16장 18절은 "교만은 패망의 선봉이요 거만한 마음은 넘어짐의 앞잡이니라"라고 말씀합니다. 하나님께서는 교만한 자를 미워하시고, 겸손한 사람을 통해 하나님의 놀라운 일을 이루십니다. 그러므로 우리는 마귀의 음성을 멀리하여 교만이 틈타지 못하게 하고, 늘 겸손히 하나님을 섬겨야 합니다.

둘째, '아담이 들은 음성'에 대해서 말씀드리겠습니다.

창세기 3장 8절은 "그들이 그 날 바람이 불 때 동산에 거니시는 야훼 하나님의 소리를 듣고 아담과 그의 아내가 야훼 하나님의 낯을 피하여 동산 나무 사이에 숨은지라"라고 말씀합니다.

아담과 하와는 죄를 지은 후에 자신들을 부르시는 하나님의 음성을 듣고, 동산 나무 사이에 숨었습니다. 죄가 들어오자 그들에게 두려움이 생긴 것입니다. 그때에 하나님께서는 숨어있는 아담을 부르시며 찾으셨습니다. 창세기 3장 9절은 "야훼 하나님이 아담을 부르시며 그에게 이르시되 네가 어디 있느냐"라고 말씀합니다. 하나님께서는 그들이 숨어있는 곳을 몰라서 물으신 것이 아닙니다. 그들을 책망하고 심판하려고 찾으신 것도 아닙니다. 하나님께서는 그들에게 회개할 기회를 주시기 위해 "네가 지금 무엇을 하고 있느냐? 지금 나와 어떤 관계에 있느냐?"라고 물으신 것입니다.

우리는 일생을 살아가는 동안 늘 하나님의 음성을 들어야 합니다. "네가 어디 있느냐? 네가 무엇을 하고 있느냐? 지금 나와 어떤 관계에 있느냐?"라고 물으시는 하나님의 음성에, "제가 여기 있습니다. 제가 하나님을 사랑합니다. 제가 늘 변함없이 하나님을 섬기며 하나님의 영광을 위해 살기를 힘쓰고 있습니다."라고 대답할 수 있어야 합니다.

하나님께서 부르셨을 때 아담은 "하나님, 제가 죄를 지었습니다. 저를 용서해주옵소서."라고 회개하지 않고, 오히려 죄의 책임을 하와에게 전가했습니다. 창세기 3장 12절은 "아담이 이르되 하나님이 주셔서 나와 함께 있게 하신 여자 그가 그 나무 열매를 내게 주므로 내가 먹었나이다"라고 말씀합니다.

하와 역시 죄를 회개하지 않고 그 책임을 뱀에게 전가했습니다. 창세기 3장 13절은 "야훼 하나님이 여자에게 이르시되 네가 어찌하여 이와 같이 하였느냐 여자가 이르되 뱀이 나를 꾀므로 내가 먹었나이다"라고 말씀합니다.

우리는 죄를 짓고 난 후에 그 책임을 남에게 전가해서는 안 됩니다. 시편 34편 18절은 "야훼는 마음이 상한 자를 가까이 하시고 충심으로 통회하는 자를 구원하시는도다"라고 말씀합니다. 우리는 우리를 찾고 부르시는 하나님의 음성을 들었을 때, 즉시 무릎을 꿇고 통회하고 자복하며 회개해야 합니다. 회개할 때 하나님께서 용서해주십니다. 그러므로 여러분의 마음에 하나님의 음성이 들려올 때 귀를 막지 마십시오. 변명하지 마십시오. 십자가 밑에 나아와 죄를 고백하고 회개하십시오. 회개하여 용서받고 하나님의 영광을 위해 살아가는 여러분이 되시기를 바랍니다.

셋째, '십자가에서 들려오는 하나님의 음성'에 대해서 말씀드리겠습니다.

아담과 하와가 죄를 회개하지 않자, 하나님께서는 아담과 하와에게 형벌을 내리셨습니다. 아담은 평생 수고해야 먹고살 수 있게 되었으며, 하와는 해산의 고통을 더 크게 겪고 남편을 섬기게 되었습니다.

죄에 따른 하나님의 형벌은 이뿐만이 아닙니다. 영혼이 죽어서 하나님과의 관계가 단절되었습니다. 육신의 질병과 죽음이 다가왔습니다. 환경이 저주를 받게 되었습니다. 죄로 말미암아 '삼중형벌'이 다가온 것입니다.

그러나 하나님께서는 무한한 사랑으로 인간에게 죄를 용서받는 길을 보여주셨습니다. 창세기 3장 21절은 "야훼 하나님이 아담과 그의 아내를 위하여 가죽옷을 지어 입히시니라"라고 말씀합니다. 하나님께서는 죄지은 인간을 불쌍히 여기셔서 죄 없는 짐승을 잡아 피를 흘리게 하시고, 그것의 가죽으로 옷을 만들어 입히셨습니다. 하나님께서 속죄를 위한 '피의 제사'를 제정하신 것입니다. 이후로 이스라엘 백성들은 자신들의 속죄를 위해 피의 제사로써 하나님께 제사를 드렸습니다.

이 '피의 제사'는 죄 없으신 예수 그리스도께서 온 인류의 죄를 짊어지시고, 피 흘려 죽으실 것을 상징적으로 보여준 것입니다. 예수 그리스도께서는 십자가에서 피 흘려 죽으심으로 단번에 영원한 속죄의 제사를 드리셨고, 그를 믿는 자마다 죄를 용서받을 수 있게 해주셨습니다. 히브리서 9장 22절은 "율법을 따라 거의 모든 물건이 피로써 정결하게 되나니 피 흘림이 없은즉 사함이 없느니라"라고 말씀합니다. 그러므로 우리가 예수 그리스도의 피를 의지하고, 하나님 앞에 나오면 영혼이 잘됨같이 범사가 잘되며 강건하게 됩니다. '삼중형벌'에서 해방되어 '삼중축복'을 받게 됩니다. 그러므로 우리는 날마다 십자가에서 들려오는 하나님의 음성을 듣고 그 음성 앞에 결단해야 합니다. 그러면 하나님의 음성을 통해 삶 속에 하나님의 구원과 축복과 치료와 사랑의 은혜가 넘쳐나게 됩니다.

하나님의 음성은 우리 마음에 꿈과 희망을 가져다주며 내일을 바라보게 합니다. 또한 우리로 하여금 새로운 역사를 창조해 나가게 합니다. 그러므로 세상이 들려주는 부정적인 음성을 듣고 따라가지 마십시오. 사람의 음성을 듣고 흔들리지 마십시오. 언제나 십자가에서 들려오는 하나님의 음성만을 듣고 겸손한 마음으로 순종의 삶을 살아가시기 바랍니다. 절대 긍정, 절대 감사로 나아가시기 바랍니다. 하나님의 음성을 듣고 늘 기뻐하고 하나님을 찬양하며 살아가는 여러분이 되시기를 바랍니다.

예화 『힐링의 또 다른 차원, 성경적 한의학』

모태 크리스천인 한의사 김양규 장로. 그는 대학에 입학하면서 폐결핵을 앓았고, 대학 졸업 후 심장수술을 받으며 죽음의 문턱까지 가면서 하나님의 존재에 대해 심각하게 고민하기 시작했다. 그래서 그는 신구약 성경을 60회 이상 통독하면서 하나님을 만났고, 더 나아가 성경과 한의학이 맞닿은 연결고리를 찾았다. 그는 그의 책 『성경적 한의학』에서 이렇게 말한다.

"한의약으로는 몸을 치료하지만 그리스도인은 매일매일 신구약 말씀으로 마음을 다스리고 영혼을 다스리는 의사입니다. 신구약 말씀 위에 굳게 서서 우리의 영을 다스리면 마음 다스리기는 저절로 됩니다. 그리스도인은 신구약 말씀으로 마음을 다스려서 사랑하는 마음, 감사하는 마음, 기뻐하고 즐거워하는 마음을 키워가는 사람들입니다. 말씀에 굳게 서서 마음을 다스릴 때 우리들 마음속의 불안함이나 염려, 걱정, 근심, 두려움 등 부정적인 생각들은 저절로 사라지고 영혼이 치료됩니다."

3

작은 예수가 되는 길

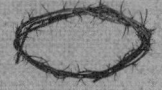

성령충만의 영성

7 _ 광야에 외치는 자의 소리

8 _ 마음이 뜨겁지 아니하더냐

9 _ 오직 성령으로

7

광야에 외치는 자의 소리

"선지자 이사야의 글에 보라 내가 내 사자를 네 앞에 보내노니 그가 네 길을 준비하리라 광야에 외치는 자의 소리가 있어 이르되 너희는 주의 길을 준비하라 그의 오실 길을 곧게 하라 기록된 것과 같이 침례 요한이 광야에 이르러 죄 사함을 받게 하는 회개의 침례를 전파하니 온 유대 지방과 예루살렘 사람이 다 나아가 자기 죄를 자복하고 요단 강에서 그에게 침례를 받더라 요한은 낙타털 옷을 입고 허리에 가죽 띠를 띠고 메뚜기와 석청을 먹더라 그가 전파하여 이르되 나보다 능력 많으신 이가 내 뒤에 오시나니 나는 굽혀 그의 신발끈을 풀기도 감당하지 못하겠노라 나는 너희에게 물로 침례를 베풀었거니와 그는 너희에게 성령으로 침례를 베푸시리라" 마가복음 1장 2-8절

이 땅의 모든 사람들은 살기 위해서 태어나지만, 예수님께서는 우리의 죄를 대신해 죽으시기 위해 태어나셨습니다. 예수님의 삶은 첫 시작부터 십자가의 죽음을 향해 달려가는 외길 인생이었습니다. 이러한 예수님의 사역이 시작되기 전에 침례 요한

은 광야에서 침례를 베풀며 예수님께서 오실 길을 준비했습니다. 오늘은 침례 요한의 사역을 통해 우리에게 주시는 은혜를 나누고자 합니다.

첫째로, 우리는 주의 길을 준비해야 합니다.

마가복음 1장 2-3절은 "선지자 이사야의 글에 보라 내가 내 사자를 네 앞에 보내노니 그가 네 길을 준비하리라 광야에 외치는 자의 소리가 있어 이르되 너희는 주의 길을 준비하라 그의 오실 길을 곧게 하라"라고 말씀하고 있습니다. 또 말라기 3장 1절은 "만군의 야훼가 이르노라 보라 내가 내 사자를 보내리니 그가 내 앞에서 길을 준비할 것이요 또 너희가 구하는바 주가 갑자기 그의 성전에 임하시리니 곧 너희가 사모하는바 언약의 사자가 임하실 것이라"라고 말씀합니다.

구약성경을 보면 대부분의 선지자들이 메시아를 맞을 준비를 하라고 외쳤고, 이스라엘 백성들은 모든 절망 가운데서 건져주시고, 평화와 기쁨과 자유를 주실 메시아를 간절히 사모했습니다. 오늘날 우리도 이 땅에 사는 동안 다시 오실 예수님을 기다리며 예수님을 맞이할 준비를 해야 합니다.

이사야 40장 3-4절은 "외치는 자의 소리여 이르되 너희는 광야에서 야훼의 길을 예비하라 사막에서 우리 하나님의 대로를 평탄하게 하라 골짜기마다 돋우어지며 산마다, 언덕마다 낮아지며 고르지 아니한 곳이 평탄하게 되며 험한 곳이 평지가 될 것이요"라고 말씀합니다.

선지자들은 "하나님의 대로를 예비하라. 메시아의 대로를 예비하라."라고 선포했습니다. 옛날에 왕이 행차하려면 선발대가 먼저 가서 길을 닦았습니다. 언덕은 깎아 내리고, 파인 곳은 메우고, 거친 돌들은 다 제거하여 땅을 고르게 했습니다. 이와 마찬가지로 우리는 만왕의 왕, 만주의 주가 되시는 예수님을 맞이할 길을 마음속에 만들어놓아야 합니다. 우리 마음속에 교만과 탐욕의 산들은 낮추고, 미움과 원망과 불평의 골짜기들은 메우고, 거친 성격은 잘 다듬어서 온유하게 만듦으로써 예수님을 맞이할 준비를 해야 합니다.

예수님께서 내 마음 가운데 오시는 것처럼 큰 축복이 없습니다. 사람들이 문제 가운데서 헤어나오지 못하는 이유는 자기 삶의 주인이 되어서 모든 문제를 해결하려고 하기 때문입니다. 그러면 문제가 점점 더 커져서 결국 문제에 갇히고 절망에 싸이게 되고 맙니다. 우리는 눈을 들어서 우리의 희망 되시는 예수님을 바라보아야 합니다. 오직 예수님 안에만 희망이 있습니다. 예수님 안에만 생명이 있습니다. 세상일 때문에 낙심하고 다투고 미워하면서 살지 말고, 이제는 가슴을 펴고 주님을 바라보며 믿음으로 나가는 여러분이 되시기를 바랍니다.

둘째로, 주님을 맞이하기 위해서 우리는 회개해야 합니다.

마가복음 1장 4-5절은 "침례 요한이 광야에 이르러 죄 사함을 받게 하는 회개의 침례를 전파하니 온 유대 지방과 예루살렘 사람이 다 나아가 자기 죄를 자복하고 요단강에서 그에게 침례를 받더라"라고 말씀합니다.

침례 요한은 "회개하라 천국이 가까이 왔느니라"(마 3:1-2)라는 회개의 메시지를 전했고, 예수님께서도 공생애를 시작하시면서 첫 번째로 "회개하라 천국이 가까이 왔느니라"(마 4:17)라고 말씀하셨습니다.

그러므로 우리가 전해야 될 복음은 회개하고 예수 그리스도를 구세주로 영접하라는 것입니다. 우리는 모두 죄 가운데 있기 때문에 회개하고 하나님 앞에 나와야 하나님의 은혜를 체험하게 됩니다. 회개하지 않고는 예수님을 만날 수가 없습니다. 철저하게 우리의 죄를 회개하고 하나님께 나와야 합니다.

침례 요한이 회개의 메시지를 선포하자, 많은 사람들이 죄를 고백하고 침례를 받았습니다. 마가복음 1장 5절은 "온 유대 지방과 예루살렘 사람이 다 나아가 자기 죄를 자복하고 요단강에서 그에게 침례를 받더라"라고 말씀합니다.

회개는 헬라어로 '메타노이아'이며 '방향을 바꾸다'라는 뜻입니다. 동쪽으로 가던 사람이 서쪽으로 방향을 바꾸는 것처럼, 회개는 삶의 온전한 변화를 의미합니다. 그러므로 우리가 회개하고 새사람이 되었으면 옛 사람의 모습을 버려야 합니다. 잘못된 것을 과감하게 정리하고 돌아서야 됩니다. 밥 먹듯이 죄를 지으면서 '그러면 안 되는데...' 하는 것은 회개가 아니라 '후회'입니다. '후회'는 우리를 변화시키지 못합니다. 근본적으로 철저히 회개하고 돌아설 때 하나님께서 우리를 기뻐하십니다. 회개하기만 하면 하나님께서는 우리를 용서해주시고 큰 잔치를 베풀어주십니다. 탕자가 아버지의 재산을 다 탕진하고 돌아왔을 때 아버지는 탕자에게 잔치를 베풀어주었습니다. 누가복음 15장 22-24절은 "아버지는 종들에게 이르되 제일 좋은 옷을 내어다가 입히고 손에 가락지를 끼우고 발에 신을 신기라 그리고 살진 송아지를 끌어다가 잡으라 우리가 먹고 즐기자 이 내 아들은 죽었다가 다시 살아났으며 내가 잃었다가 다시 얻었노라 하니 그들이 즐거워하더라"라고 말씀합니다.

그러므로 우리가 예수님을 맞이할 길을 준비하기 위해서는 철저히 회개해야 됩니다. 회개할 때 나 자신이 살아나고, 회개할 때 우리 가정이 변화되고, 회개할 때 교회가 부흥하고, 회개할 때 나라가 굳건히 서게 됩니다. 한국의 모든 교회와 성도들이 가슴을 치며 통회, 자복하고 회개하여 새롭게 거듭나는 은혜가 있기를 바랍니다.

셋째로, 우리는 성령의 충만을 받아야 합니다.

마가복음 1장 8절은 "나는 너희에게 물로 침례를 베풀었거니와 그는 너희에게 성령으로 침례를 베푸시리라"라고 말씀합니다.

우리가 죄를 회개하고 난 후 승리하는 신앙생활을 하기 위해서는 성령충만을 받아야 합니다. 예수님께서는 승천하시기 전에 제자들에게 "예루살렘을 떠나지 말고 내게서 들은바 아버지께서 약속하신 것을 기다리라 요한은 물로 침례를 베풀었으나 너희는 몇 날이 못 되어 성령으로 침례를 받으리라"(행 1:4-5)라고 말씀하셨습니다.

이 말씀을 따라 예수님께서 승천하신 후 약 120명의 성도가 모여서 기도하다가 성령충만을 받았고, 성령이 말하게 하심을 따라 다른 언어들로 말하는 역사가 일어났습니다. 사도행전 2장 1-4절은 "오순절 날이 이미 이르매 그들이 다같이 한 곳에 모였더니 홀연히 하늘로부터 급하고 강한 바람 같은 소리가 있어 그들이 앉은 온 집에 가득하며 마치 불의 혀처럼 갈라지는 것들이 그들에게 보여 각 사람 위에 하나씩 임하여 있더니 그들이 다 성령의 충만함을 받고 성령이 말하게 하심을 따라 다른 언어들로 말하기를 시작하니라"라고 말씀합니다.

성령이 임하시면 권능을 받게 되고, 권능을 받으면 복음의 증인으로 쓰임을 받습니다. 사도행전 1장 8절은 "오직 성령이 너희에게 임하시면 너희가 권능을 받고 예루살렘과 온 유대와 사마리아와 땅 끝까지 이르러 내 증인이 되리라 하시니라"라고 말씀합니다.

그런데 성령충만은 한 번 받는 것으로 끝나는 것이 아니라, 계속 받아야 됩니다. 에베소서 5장 18절은 "술 취하지 말라 이는 방탕한 것이니 오직 성령으로 충만함을 받으라"라고 말씀합니다.

계속되는 성령충만의 역사는 오순절 성령운동의 역사에서도 볼 수 있습니다. 오순절 성령운동의 역사는 약 100년 전에 미국 L.A. 아주사 거리에서 큰 부흥이 일어나면서 시작되었습니다. 흑인 노예의 후손인 윌리엄 시무어 목사님에게 성령님이 임하시자 수많은 병자가 낫고 방언을 말하는 역사가 일어났습니다. 그 당시 얼마나 큰 부흥의 역사가 일어났던지, 당시 신문에 "L.A.에서 영적 지진이 일어났다."라는 기사가 실릴 정도였습니다.

이와 같이 성령충만을 받으면 우리는 능력 있는 신앙인이 됩니다. 속사람은 예수님을 닮아가게 되고, 겉사람은 힘써 주의 복음을 전하는 복음의 증인이 되는 것입니다. 지금은 성령시대입니다. 성령이 없이는 여러분이 하나님께서 맡겨주신 사명을 힘있게 감당할 수가 없습니다. 주님 오시는 날까지 성령의 불이 활활 타올라 한국교회와 전 세계에 큰 부흥의 역사가 일어나기를 바랍니다.

예수님을 우리 삶의 주인으로 모시고 늘 주님께 순종하며 사는 것만큼 복된 삶이 없습니다. 늘 우리 자신을 돌아보아 주님께서 기뻐하시지 않는 모습이 있다면 회개하고, 성령충만을 받아 신실한 복음의 일꾼으로 살아가야 합니다. 그럴 때 우리가 다시 오시는 주님 앞에 부끄럽지 않은 모습으로 설 수 있을 것입니다.

8

마음이 뜨겁지 아니하더냐

"그들과 함께 음식 잡수실 때에 떡을 가지사 축사하시고 떼어 그들에게 주시니 그들의 눈이 밝아져 그인 줄 알아 보더니 예수는 그들에게 보이지 아니하시는지라 그들이 서로 말하되 길에서 우리에게 말씀하시고 우리에게 성경을 풀어 주실 때에 우리 속에서 마음이 뜨겁지 아니하더냐 하고 곧 그 때로 일어나 예루살렘에 돌아가 보니 열한 제자 및 그들과 함께 한 자들이 모여 있어 말하기를 주께서 과연 살아나시고 시몬에게 보이셨다 하는지라 두 사람도 길에서 된 일과 예수께서 떡을 떼심으로 자기들에게 알려지신 것을 말하더라" 누가복음 24장 30-35절

예수님께서 지상 사역을 하실 때 많은 사람들이 따랐습니다. 하지만 십자가에서 돌아가시자 사람들은 낙담하여 뿔뿔이 흩어졌습니다. 누가복음 24장에 나오는 예수님의 두 제자도 그중의 하나였습니다. 오늘은 예루살렘을 떠나 엠마오로 가는 두 제자를 통하여 예수님께서 우리에게 주시는 영적인 교훈을 살펴보도

록 하겠습니다.

첫째로, 엠마오로 내려가는 길의 의미입니다.

누가복음 24장 13절은 "그날에 그들 중 둘이 예루살렘에서 이십 오 리 되는 엠마오라 하는 마을로 가면서"라고 말씀합니다. 예수님의 제자 둘이 예루살렘을 떠나 엠마오로 내려가고 있었습니다.

예루살렘을 떠나 엠마오로 내려간다는 것은 그들이 영적으로 예수님을 떠났다는 것을 의미합니다. 이것은 바로 절망의 길을 가는 인생의 모습과 같습니다. 하나님의 품을 떠난 사람은 삶 가운데 절망이 다가옵니다. 우리가 예수님 안에 있으면 어떠한 문제와 어려움이 다가올지라도 이겨낼 수 있지만, 예수님을 떠나면 문제가 더 깊어지고 절망이 더 커지며 고통의 수렁 가운데 점점 빠져들게 됩니다.

누가복음 15장을 보면, 아버지의 품을 떠난 탕자에게서 이러한 모습을 찾아볼 수 있습니다. 그는 원래 부잣집 아들이었습니다. 아버지 곁에서 풍족한 삶을 누리고 있었습니다. 그런데 어느 날 아버지께 유산을 미리 분배해 달라고 하여 그 재물을 가지고 아버지의 품을 떠나갔습니다. 그는 자유로울 것 같았지만 유산을 다 탕진해버리고 결국 돼지들의 먹이도 제대로 먹지 못하는 비참한 신세로 전락하고 말았습니다. 이와 같은 탕자의 모습은 바로 하나님의 품을 떠난 인간의 모습을 보여줍니다. 하나님을 떠난 인생은 결국 모든 것을 다 잃어버리고 절망 속에 탄식할 수밖에 없습니다.

또한 예수님을 떠난다는 것은 신앙이 내리막길로 가고 있음을 나타냅니다. 누가복음 10장을 보면, 예루살렘을 떠나 여리고로 가다 강도 만난 사람이 나옵니다. 예루살렘에서 여리고로 내려간다는 것은 하나님의 품을 떠나 세상으로 가는 것과 같습니다. 예수님을 떠나면, 만나는 것은 강도밖에 없습니다. 강도인 원수 마귀가 우리의 건강도 빼앗고, 우리의 기쁨도 빼앗고, 우리의 물질도 빼앗아 우리를 비참한 신세가 되게 합니다.

지금 여러분은 어디를 가고 있습니까? 낙심하여 내리막길을 가고 있지는 않습니까? 개인의 문제, 가정의 문제, 사업의 문제로 영적인 내리막길을 가고 있지는 않습니까? 그러나 낙심하지 마십시오. 사방이 막혀도 하늘은 열려있습니다. 하나님을 바라보십시오. 하나님께로 돌아오십시오. 하나님 앞에 나와 부르짖으십시오. 그러면 하나님께서 우리의 기도를 들으시고 놀라운 역사를 베풀어주실 것입니다.

둘째로, 예수님께서는 우리와 항상 동행하십니다.

절망의 길을 가고 있던 제자들에게 예수님께서 찾아오셨습니다. 그러나 그들은 눈이 가리어져서 예수님을 알아보지 못했습니다.

누가복음 24장 15-16절은 "그들이 서로 이야기하며 문의할 때에 예수께서 가까이 이르러 그들과 동행하시나 그들의 눈이 가리어져서 그인 줄 알아보지 못하거늘"이라고 말씀합니다. 그들은 예수님을 따라다니며 말씀을 듣고 은혜도 체험하며 기적을 수없이 목격했지만, 정작 자신들이 슬픔과 절망에 처하자 옆에 계신 예수님을 알아보지 못했습니다.

지금도 많은 사람들이 예수님이 옆에 계신 것을 보지 못하고 절망과 고통 가운데 한숨짓고 살아가고 있습니다. "죽고 싶다. 더 이상 희망이 없다. 나에게는 절망뿐이다."라고 탄식하다가 끝내는 자신의 목숨을 포기하기도 합니다.

그러나 아무리 힘들어 죽고 싶을 때에도 우리 옆에 항상 예수님이 와 계신 것을 잊지 마십시오. 예수님께서는 우리를 결코 떠나지 않으십니다. 처음 우리가 예수님을 믿은 그날부터 천국 갈 때까지 예수님께서는 항상 함께 계시고, 우리를 인도해주실 것입니다. 여러분, 영의 눈을 뜨십시오. 믿음의 눈을 뜨십시오. 그래서 곁에 계신 주님을 바라보시기 바랍니다.

열왕기하 6장을 보면, 아람 군대가 엘리사를 잡으려고 도단 성을 에워싸고 있는 장면이 나옵니다. 아침에 엘리사의 사환이 나가서 군사와 말과 병거가 성읍을 에워싼 것을 보고 "내 주여 우리가 어찌하리이까"(왕하 6:15)라고 두려워하며 엘리사에게 말했습니다. 그러자 엘리사는 "두려워하지 말라 우리와 함께한 자가 그들과 함께한 자보다 많으니라"(왕하 6:16) 하고, "야훼여 원하건대 그의 눈을 열어서 보게 하옵소서"(왕하 6:17)라고 기도하였습니다. 하나님께서 이 기도에 응답하셔서 사환의 눈을 여시자 그의 눈에 불말과 불병거가 산에 가득하여 엘리사를 둘러 선 것이 보였습니다. 엠마오로 가던 두 제자도 영의 눈이 떠졌을 때 비로소 예수님을 알아보았습니다.

누가복음 24장 30절부터 31절은 "그들과 함께 음식 잡수실 때에 떡을 가지사 축사하시고 떼어 그들에게 주시니 그들의 눈이 밝아져 그인 줄 알아 보더니"라고 기록하고 있습니다.

이처럼 여러분도 영의 눈이 떠지면 나와 함께하시는 예수님을 볼 수 있게 됩니다. 여러분은 절대 혼자가 아닙니다. 외롭게 내동댕이쳐진 인생이 아닙니다. 예수님께서는 절대로 여러분을 떠나지 않으십니다.

셋째로, 예수님께서는 성령을 주시는 분입니다.

누가복음 24장 32절은 "그들이 서로 말하되 길에서 우리에게 말씀하시고 우리에게 성경을 풀어 주실 때에 우리 속에서 마음이 뜨겁지 아니하더냐"라고 말씀합니다. 예수님께서 성경을 풀어주실 때 성령님께서 역사하심으로 제자들의 마음이 뜨거워졌습니다.

이처럼 성령님께서는 우리의 마음을 뜨겁게 하시고, 구원의 확신을 주시며, 믿음과 용기를 주어 우리로 승리의 삶을 살게 해주십니다. 그래서 예수님께서 부활하신 후 제자들에게 나타나셔서 하신 말씀도 "성령을 받으라"였습니다. 요한복음 20장 22절은 "이 말씀을 하시고 그들을 향하사 숨을 내쉬며 이르시되 성령을 받으라"라고 말씀합니다.

제자들에게 필요한 것은 성령을 받는 일이었습니다. 성령을 받고 마음이 뜨거워져야 기도할 수 있고, 마음이 뜨거워져야 예배드릴 수 있고, 마음이 뜨거워져야 이웃에게 나가 복음을 전할 수 있기 때문입니다.

예수님께서 승천하신 후, 제자들과 사람들이 다락방에 모여 간절히 기도할 때 성령의 불이 임했습니다. 그들은 성령을 받기 전에 문을 꼭 닫고 숨어있었지만, 성령을 받자 문을 박차고 나가 말씀을 전했습니다. 그들이 성령이 말하게 하심을 따라 담대히 말씀을 전하자 하루에 삼천 명, 오천 명이 회개하고 주님께 돌아오는 역사가 일어났습니다.

이와 같이 성령의 불을 받기만 하면 누구나 심령이 변화되고 삶이 바뀝니다. 엠마오로 가던 두 제자와 같이, 우리 모두 성령으로 마음이 뜨거워져 변화를 받아 하나님께 쓰임받는 귀한 일꾼이 되기를 바랍니다.

하나님께서는 성령으로 충만한 사람을 쓰십니다. 우리가 성령의 사람이 될 때 하나님께서 이전에 보지 못했던 놀라운 은혜와 축복을 우리의 삶 가운데 넘치게 채워주십니다. 그러므로 여러분 모두가 성령으로 충만하여 하나님의 큰 축복을 누리기를 예수님의 이름으로 축원합니다.

9

오직 성령으로

"아볼로가 고린도에 있을 때에 바울이 윗지방으로 다녀 에베소에 와서 어떤 제자들을 만나 이르되 너희가 믿을 때에 성령을 받았느냐 이르되 아니라 우리는 성령이 계심도 듣지 못하였노라 바울이 이르되 그러면 너희가 무슨 침례를 받았느냐 대답하되 요한의 침례니라 바울이 이르되 요한이 회개의 침례를 베풀며 백성에게 말하되 내 뒤에 오시는 이를 믿으라 하였으니 이는 곧 예수라 하거늘 그들이 듣고 주 예수의 이름으로 침례를 받으니 바울이 그들에게 안수하매 성령이 그들에게 임하시므로 방언도 하고 예언도 하니 모두 열두 사람쯤 되니라" 사도행전 19장 1-7절

하나님의 자녀가 된 우리가 신앙생활에서 승리하기 위해서는 성령으로 충만해야 합니다. 예수님의 제자들은 부활하신 예수님을 만난 후에도 여전히 두려움에 떨고 있었습니다. 예수님께서는 승천하시기 전에 예루살렘을 떠나지 말고 아버지의 약속하신 것을 기다리라고 말씀하셨습니다. 제자들은 이 말씀을 붙잡고

전심으로 기도했습니다.

기도한 지 10일째 되는 오순절 날, 성령의 강한 임재를 체험한 그들은 이전과는 다르게 담대한 모습으로 변화되었습니다. 그들이 성령의 능력을 받고 밖으로 나가 복음을 전하자, 수많은 사람들이 회개하고 예수님께로 돌아오는 놀라운 역사가 일어났습니다. 그 결과 초대교회가 탄생하였고, 성령의 시대가 열렸습니다.

이와 같이 오늘날에도 우리에게 필요한 것은 바로 성령충만입니다. 우리가 능력있는 신앙생활을 하고, 만방에 나가 복음을 전하는 그리스도의 증인이 되기 위해서는 성령의 충만함을 받아야 합니다. 오늘은 성령의 충만함을 받은 모습이 구체적으로 어떤 모습인지 살펴보도록 하겠습니다.

첫째로, 우리는 성령의 사람이 되어야 합니다.

사도 바울이 3차 선교 여행의 중심 사역지로 삼았던 에베소는 소아시아의 항구 도시로서 경제와 교통, 무역의 중심지였습니다. 당시 풍요롭고 번영했던 이 도시에는 아데미라는 우상의 신전을 중심으로 수많은 사람들의 우상숭배가 행해졌습니다.

사도 바울이 에베소에 선교 사역을 하러 갔을 때, 그곳에서 열두 명 정도의 믿는 자들을 만났습니다. 바울은 그들에게서 하나님의 능력이 함께하고 있지 않음을 느꼈습니다. 그래서 그들에게 "너희가 믿을 때에 성령을 받았느냐?"라고 물었습니다. 그때에 그들은 "우리는 성령이 계심도 듣지 못했다."라고 대답했습니다. 그들은 침례 요한의 침례를 받은 자들이었지만, 성령의 계심과 성령침례에 대해서는 전혀 알지 못하는 자들이었습니다.

우리가 예수님을 믿고 하나님의 자녀가 된 이후에 원수 마귀와 싸워 이기고, 우리 삶에 따라오는 많은 문제들과 싸워 승리하기 위해서는 반드시 성령의 충만함을 받아야 합니다. 에베소서 5장 18절은 "술 취하지 말라 이는 방탕한 것이니 오직 성령으로 충만함을 받으라"라고 말씀합니다. 우리가 성령으로 충만할 때 믿음의 확신이 생기고, 말씀의 능력을 받아 열매 맺는 삶을 살아가게 됩니다.

오래전 제가 유럽에 유학생 수련회를 인도하러 갔었을 때, 독일에 있는 쾰른 돔 성당을 방문한 적이 있습니다. 쾰른 돔 성당은 1248년 착공하여 1880년까지 632년이라는 긴 시간에 걸쳐 완공된 독일 최대의 성당입니다. 그런데 과거에는 수천 명이 모여 예배를 드렸던 이 교회가 지금은 박물관으로 변하여 관광 명소가 되었습니다. 이 교회가 이와 같이 바뀌게 된 이유가 무엇입니까? 그것은 바로 성령의 임재가 떠났기 때문입니다. 교회의 부흥은 성령의 역사로부터 시작되는 것입니다. 그러므로 우리는 성령으로 충만하여 권능을 받고, 그리스도의 증인이 되어야 합니다. 사도행전 1장 8절은 "오직 성령이 너희에게 임하시면 너희가 권능을 받고 예루살렘과 온 유대와 사마리아와 땅 끝까지 이르러 내 증인이 되리라 하시니라"라고 말씀합니다.

여러분 모두가 성령의 충만함을 받고, 성령의 사람이 되어 예수님께서 다시 오시는 그날까지 복음의 증인으로 쓰임받는 하나님의 귀한 일꾼이 되시기를 바랍니다.

둘째로, 우리는 예수님만 증거하는 사람이 되어야 합니다.

사도 바울은 에베소에서 만난 열두 명 정도의 그리스도인들에게 침례 요한이 침례를 베풀며 전한 분이 바로 예수님이시라고 설명하였습니다. 사도행전 19장 4-5절은 "바울이 이르되 요한이 회개의 침례를 베풀며 백성에게 말하되 내 뒤에 오시는 이를 믿으라 하였으니 이는 곧 예수라 하거늘 그들이 듣고 주 예수의 이름으로 침례를 받으니"라고 말씀합니다.

성령을 알지 못하는 그들에게 성령에 대해 가르친 후에 예수의 이름으로 침례를 주기 위해 바울이 안수하는 순간, 성령이 그들에게 임하셨습니다. 사도행전 19장 6-7절은 "바울이 그들에게 안수하매 성령이 그들에게 임하시므로 방언도 하고 예언도 하니 모두 열두 사람쯤 되니라"라고 말씀합니다. 성령의 계심을 알지도 못했던 그들에게 성령께서 임하시자, 방언과 예언을 하게 되었습니다. 성령충만함을 받은 그들이 권능을 받고, 복음의 증인으로 변화되었습니다.

이와 같이 우리가 성령으로 충만하면, 우리 안에 계신 성령이 예수님을 나타내게 하십니다. 늘 우리 안에 예수 그리스도의 영으로 충만하게 하셔서 예수님의 생각, 예수님의 뜻을 증거하게 되는 것입니다. 요한복음 15장 26절은 "내가 아버지께로부터 너희에게 보낼 보혜사 곧 아버지께로부터 나오시는 진리의 성령이 오실 때에 그가 나를 증언하실 것이요"라고 말씀합니다. 성령은 우리에게 진리의 영으로 오셔서 예수님의 가르침을 깨닫게 하시고, 예수님께서 주신 사명을 잘 감당하게 하십니다.

또한 우리가 성령으로 충만하면, 우리의 성품이 예수님을 닮아 성령의 열매를 맺게 됩니다. 갈라디아서 5장 22-23절은 "오직 성령의 열매는 사랑과 희락과 화평과 오래 참음과 자비와 양선과 충성과 온유와 절제니 이같은 것을 금지할 법이 없느니라"라고 말씀합니다. 성령은 우리를 작은 예수로 변화시켜주셔서, 우리의 모습을 통해 예수 그리스도를 높이고, 그분의 영광을 나타내게 하십니다.

그러므로 성령이 우리에게 임하시면, 우리 안에 예수님의 영으로 가득 차서 예수님을 증거하게 합니다. 우리가 예수님을 닮아가고, 예수님을 자랑하고, 예수님을 높이고, 예수님을 나타내게 되는 것입니다. 여러분 모두가 성령으로 충만하여, 오직 예수님만을 증거하는 사람들이 되시기를 바랍니다.

셋째로, 우리는 부흥의 역사를 주도하는 사람이 되어야 합니다.

사도행전 19장 10절은 "두 해 동안 이같이 하니 아시아에 사는 자는 유대인이나 헬라인이나 다 주의 말씀을 듣더라"라고 말씀합니다. 사도 바울은 에베소의 두란노 서원에서 2년 동안 날마다 말씀을 강론하며, 복음을 증거하였습니다. 그러자 에베소로부터 온 아시아에 이르기까지 복음이 전파되는 부흥의 역사가 일어났습니다.

　에베소에 나타난 성령의 역사는 이뿐만이 아니었습니다. 사도행전 19장 11-12절은 "하나님이 바울의 손으로 놀라운 능력을 행하게 하시니 심지어 사람들이 바울의 몸에서 손수건이나 앞치마를 가져다가 병든 사람에게 얹으면 그 병이 떠나고 악귀도 나가더라"라고 말씀합니다. 성령께서 바울을 통해 놀라운 치유의 기적을 일으키셨습니다.

　심지어는 바울이 예수의 이름으로 귀신과 병을 쫓는 모습을 보고 흉내 내는 마술사들도 있었습니다. 그들은 악귀 들린 자들에게 예수의 이름으로 명하여 악귀를 쫓고자 했습니다. 그러나 그들이 악귀를 쫓기는커녕, 오히려 악귀 들린 자에게 맞고, 벗은 몸으로 도망가게 되었습니다.

　이 모든 것이 성령의 역사임을 깨달은 수많은 에베소의 사람들은 두려워하였고, 자신들의 죄를 회개하며 예수님께로 돌아왔습니다. 또한 바울을 흉내 내었던 마술사들까지도 회개하며 마술 책을 태웠습니다. 사도행전 19장 19절은 "또 마술을 행하던 많은 사람이 그 책을 모아 가지고 와서 모든 사람 앞에서 불사르니 그 책 값을 계산한즉 은 오만이나 되더라"라고 말씀합니다. 여기서 은 오만은 오늘날 약 40억 원에 이르는 가치가 됩니다. 성령께서 임하시자, 우상숭배로 가득한 도시에 복음이 뒤덮이고, 놀라운 부흥과 기적이 일어나고, 흑암의 세력이 떠나가는 역사가 일어났습니다. 사도행전 19장 20절은 "이와 같이 주의 말씀이 힘이 있어 흥왕하여 세력을 얻으니라"라고 말씀합니다.

사도 바울은 이와 같은 성령의 역사의 현장에서 복음을 전하며 부흥의 역사를 주도하였던 사람이었습니다. 이처럼 우리가 성령으로 충만하여 새롭게 변화되면, 하나님께서 우리를 통해 기적을 일으키시고, 하나님의 영광을 온 천하에 드러나게 하십니다. 그러므로 여러분 모두가 오직 성령에 사로잡혀 새로운 역사를 써나가는 부흥의 주역들이 되시기를 바랍니다.

사랑하는 여러분, 성령께서 우리에게 임하시면 우리의 속사람이 변화되어 강건해지고 우리의 모든 문제가 떠나갑니다. 우리가 예수님을 닮은 작은 예수가 되어 가난하고 소외된 사람들을 예수님의 사랑으로 섬기게 되며 그리스도를 나타내는 복음의 증인이 됩니다. 여러분 모두가 성령충만한 성도가 되어 승리하는 삶을 살고, 예수님께서 다시 오실 때까지 예수님만 증거하며 사도행전을 계속해서 써내려가는 믿음의 일꾼들이 되시기를 예수님의 이름으로 축원합니다.

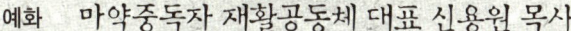

예화   마약중독자 재활공동체 대표 신용원 목사

'CBS 새롭게 하소서'에 출연하여 간증한 신용원 목사는 아홉 살에 아버지를 여의고 홀어머니 밑에서 가난하게 자랐다. 그러나 그는 유난히 머리가 좋았다. 그는 법관이 되는 것이 꿈이었다. 하지만 18살 때 "용원이같이 가난하고 아버지 없는 애들과 어울리지 말라."라는 친구 어머니의 날 선 한마디가 그의 마음을 찢은 이후 비뚤어지기 시작, 가출하여 폭력조직에 몸을 담았다. 어쩔 수 없이 끌려간 군대에서는 적응을 못해 왼쪽 검지 손가락을 자르고 6개월 만에 불명예 제대를 했다.

한때 사채업과 부동산 경매, 도박장 운영으로 30억이 넘는 돈을 굴리기도 했지만 화려한 시절은 오래 가지 못했다. 동료들과 어울려 본드를 분 것을 시작으로 진통제 수십 알씩 삼켰고 이후 대마초에 필로폰까지 속칭 '마약 엘리트 코스'를 밟았다. 결국 지난 1994년 조계종 폭력사태의 주동 인물로 지명수배 되었고 이를 피해 4년간의 도피 생활을 했다.

1998년 경찰 수사망에 쫓기다가 경기도의 한 기도원에 숨어 '차라리 죽는 게 낫겠다'고 판단, 빨랫줄로 목을 매 죽으려다 독실한 기독교 신자였던 어머니가 '사람은 하나님의 은혜를 받아야 살 수 있단다.'라고 했던 말이 생각나 기도원 골방에 틀어박혀 빨랫줄을 손에 쥔 채 하나님을 찾으며 울부짖었다. 그것은 그의 마지막 절규였다. 그때 갑자기 몸에 뜨거운 불이 떨어지면서 성령이 임했다. 그는 당시를 이렇게 회상한다.

"하나님 당신이 정녕 살아 계시다면 제발 저 좀 살려주십시오. 저를 살려주시면 평생 하나님을 배신하지 않고 살겠습니다. 그때 제 몸에 뜨거운 불이 떨어지면서 입에서 뜻을 알 수 없는 방언이 흘러 나왔습니다. 그 경험은 필로폰보다 10배는 더 황홀한 경험이었습니다. 세상이 달라 보였습니다. 그리고 새로운 가치관이 생겼습니다. 그것은 저 때문에 가정이 파괴되고 영혼이 망가진 이들에게 진 빚을 갚아야겠다는 생각이었습니다."

성령을 받은 후, 그는 자수하여 감옥에 들어가 죄 값을 치르고 출소해 신학을 공부했고, 목사가 되었다. 이후 그는 교도소를 찾아다니며 자신과 같은 처지의 사람들을 돕기 시작했다. 지금은 마약치료 재활 공동체 교회인 '소망을 나누는 사람들'의 담임목사로 또 출소자들이 직접 떡을 생산하고 판매하는 '보리떡 다섯 개'라는 떡 공장을 운영하며 생활고와 절망에 찌들어 약물에 손을 댔던 이들의 망가진 몸과 마음을 치료하는 삶을 살고 있다. 그는 이렇게 고백한다.

"성령의 충만함을 통해 새롭게 되었고 저의 삶의 목표는 하나님을 위한 삶으로 변화되었습니다. 예수님이 고아와 과부, 병든 자와 함께 하셨듯이 사회적 약자로 살아갈 수밖에 없는 사람들을 위해 일할 것입니다."

성령충만하면 우리의 옛 사람은 간 곳 없어지고 새사람을 옷 입게 된다. 성령으로 충만하여 새롭게 변화되면 복음을 전하며 부흥의 역사를 주도하는 사람이 된다.

4

작 은 예 수 가 되 는 길

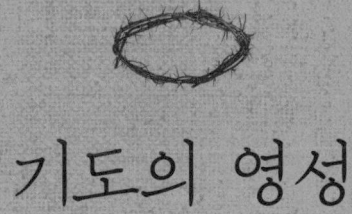

기도의 영성

10 _ 위대한 어머니
11 _ 나를 불쌍히 여기소서
12 _ 압복 나루터의 은혜

10

위대한 어머니

"한나가 마음이 괴로워서 야훼께 기도하고 통곡하며 서원하여 이르되 만군의 야훼여 만일 주의 여종의 고통을 돌보시고 나를 기억하사 주의 여종을 잊지 아니하시고 주의 여종에게 아들을 주시면 내가 그의 평생에 그를 야훼께 드리고 삭도를 그의 머리에 대지 아니하겠나이다 그가 야훼 앞에 오래 기도하는 동안에 엘리가 그의 입을 주목한즉 한나가 속으로 말하매 입술만 움직이고 음성은 들리지 아니하므로 엘리는 그가 취한 줄로 생각한지라" 사무엘상 1장 10-13절

하나님께서 우리에게 주신 많은 선물 가운데, 큰 선물 중 하나는 바로 어머니입니다. 어머니가 있기 때문에 오늘날 우리가 존재합니다. 세계의 역사를 보면 위대한 인물 뒤에는 꼭 기도하는 어머니, 위대한 어머니가 있었습니다. 초대교회의 위대한 교부 어거스틴, 감리교를 창시한 존 웨슬리, 노예해방을 선언한 에이

브라함 링컨 대통령의 뒤에는 모두 기도하는 어머니가 있었습니다. 이와 같이 기도하는 어머니를 통하여 위대한 자녀가 탄생했습니다.

구약성경을 보면, 하나님께 크게 쓰임받은 사무엘 선지자의 뒤에도 기도하는 어머니 한나가 있었습니다. 오늘은 위대한 기도의 어머니였던 한나의 신앙에 대해 함께 생각해보기를 원합니다.

첫째로, 한나는 '기도'에 최선을 다하는 어머니였습니다.

사사 시대 때, 엘가나라 하는 사람에게 한나와 브닌나라는 두 명의 아내가 있었습니다. 자녀가 있는 브닌나와는 다르게 한나에게는 오랫동안 아이가 없었습니다. 자식이 없었던 한나의 고통은 이루 말할 수 없었습니다. 게다가 엘가나가 한나를 더 사랑했기 때문에, 브닌나는 한나의 자식 없음을 보고 늘 그녀를 괴롭히고 멸시했습니다. 그러나 한나는 이 같은 상황을 분쟁으로 해결하려 하지 않았습니다. 한나는 하나님께 나아가 자신의 괴로운 마음을 쏟아놓으며 눈물로 기도했습니다. 사무엘상 1장 10절은 "한나가 마음이 괴로워서 야훼께 기도하고 통곡하며"라고 말씀합니다.

우리는 어려움이 다가왔을 때, 문제의 해결자 되신 하나님께 나아가 눈물로 기도해야 합니다. 우리가 눈물로 기도할 때, 하나님께서 우리의 기도를 들으시고 응답해주십니다. 시편 126편 5절은 "눈물을 흘리며 씨를 뿌리는 자는 기쁨으로 거두리로다"라고 말씀합니다. 우리의 눈물이 변하여 기쁨과 은혜로, 축복으로 다가올 것입니다.

나아가서 한나는 하나님께 헌신의 기도를 드렸습니다. 사무엘상 1장 11절은 "서원하여 이르되 만군의 야훼여 만일 주의 여종의 고통을 돌보시고 나를 기억하사 주의 여종을 잊지 아니하시고 주의 여종에게 아들을 주시면 내가 그의 평생에 그를 야훼께 드리고 삭도를 그의 머리에 대지 아니하겠나이다"라고 말씀합니다. 이 기도 속에서 한나는 만약 아들을 주시면 그를 평생 나실인으로 하나님께 드리겠다고 서원을 했습니다. 나실인이란 자신을 거룩하게 구별하여 일생을 하나님께 헌신하는 사람입니다. 한나는 자신의 뜻보다 먼저 하나님의 뜻을 구했습니다. 우리는 한나와 같이 먼저 하나님의 영광을 구하는 기도를 드려야 합니다.

또한 한나는 하나님께서 자신의 기도를 들어주실 때까지 인내하며 기도했습니다. 사무엘상 1장 12-13절은 "그가 야훼 앞에 오래 기도하는 동안에 엘리가 그의 입을 주목한즉 한나가 속으로 말하매 입술만 움직이고 음성은 들리지 아니하므로"라고 기록하고 있습니다. 한나가 얼마나 오랫동안 부르짖어 기도했는지, 이제는 힘이 다 빠지고 목소리가 나오지 않아 간신히 입술만 움직여 기도할 정도였습니다. 그녀는 하나님께서 응답해주실 때까지 혼신의 힘을 다하여 기도했습니다. 이사야 58장 9절은 "네가 부를 때에는 나 야훼가 응답하겠고 네가 부르짖을 때에는 내가 여기 있다 하리라"라고 말씀합니다. 우리가 끈기 있게 인내하며 간절히 기도할 때, 하나님께서 응답해주십니다.

이와 같이 어머니의 기도는 자녀의 문제를 해결하고, 자녀의 운명을 변화시킵니다. 그러므로 자녀를 위해 눈물로 인내하며 믿음의 기도를 드리는 여러분이 되시기를 바랍니다.

둘째로, 한나는 '긍정적 믿음'을 가진 어머니였습니다.

사무엘상 1장 17-18절은 "엘리가 대답하여 이르되 평안히 가라 이스라엘의 하나님이 네가 기도하여 구한 것을 허락하시기를 원하노라 하니 이르되 당신의 여종이 당신께 은혜 입기를 원하나이다 하고 가서 먹고 얼굴에 다시는 근심 빛이 없더라"라고 말씀합니다.

엘리 제사장은 간절히 기도하는 한나의 모습을 보고 감동하여 하나님께서 한나의 기도를 응답해주실 것이라고 축복했습니다. 그전까지 울며 기도하던 한나는 엘리 제사장의 말을 듣고, 기쁘고 감사한 마음으로 집에 돌아갔습니다. 그리고 다시는 걱정하지 않았습니다. 더 이상 그녀의 얼굴에 근심하는 기색이 없었습니다. 그녀는 엘리 제사장의 말을 하나님께서 주신 음성으로 듣고, 하나님께서 자녀를 주실 것을 믿었습니다. 아직 달라진 것은 아무것도 없었으나, 그녀는 마음에 확신을 가졌습니다.

한나의 믿음을 본받아 우리는 믿음으로 기도하고 난 다음에 마음에 확신을 가지고 의심하지 말아야 합니다. 예수님께서도 마태복음 21장 22절에 "**너희가 기도할 때에 무엇이든지 믿고 구하는 것은 다 받으리라**"라고 말씀하셨습니다. 출애굽한 이스라엘 백성 중 20세 이상의 남자 가운데서 왜 여호수아와 갈렙만이 약속의 땅인 가나안에 들어갈 수 있었습니까? 이는 두 사람만이 하나님이 주신 약속의 말씀을 믿고 의지하며 긍정적인 신앙으로 전진해나갔기 때문입니다. 다른 사람들은 말씀을 믿지 않고 원망, 불평했기 때문에 하나님의 약속을 받아 누릴 수가 없었습니다.

하나님의 말씀을 그대로 믿고 받아들이는 자에게 축복이 임합니다. 하나님의 말씀을 의심하며 판단하고 따지면, 하나님의 은혜가 임하지 않습니다. 우리가 긍정적인 신앙을 가지고 나아갈 때, 기적을 체험하는 것입니다. 야고보서 1장 6-7절은 "오직 믿음으로 구하고 조금도 의심하지 말라 의심하는 자는 마치 바람에 밀려 요동하는 바다 물결 같으니 이런 사람은 무엇이든지 주께 얻기를 생각하지 말라"라고 말씀합니다.

그러므로 어려움이 다가왔을 때 절대 포기하지 말고, 하나님께서 주신 말씀을 믿고 절대 긍정의 신앙으로 나아가 하나님의 놀라운 기적을 체험하는 여러분이 되시기를 바랍니다.

셋째로, 한나는 '헌신의 신앙'을 가진 어머니였습니다.

사무엘상 1장 27-28절은 "이 아이를 위하여 내가 기도하였더니 내가 구하여 기도한 바를 야훼께서 내게 허락하신지라 그러므로 나도 그를 야훼께 드리되 그의 평생을 야훼께 드리나이다 하고 그가 거기서 야훼께 경배하니라"라고 말씀합니다. 한나는 서원한 대로, 하나님께 사무엘을 드렸습니다. 오랫동안 기도해서 어렵게 낳은 아들이었지만, 그녀는 하나님과의 약속을 잊지 않고 하나님께 아들을 드렸습니다.

많은 사람들이 어려울 때 하나님께 이렇게 기도합니다. "하나님, 이 기도를 응답해주시면, 제가 하나님을 위해 무엇을 하겠습니다." 그런데 하나님께서 응답해주셔서 축복을 받은 다음, 사람들은 약속을 지키지 않습니다.

그러나 한나는 하나님께 받은 은혜를 잊지 않고, 기쁨과 감사함으로 헌신하는 삶을 살았습니다. 하나님께서는 이와 같은 한나의 모습을 보시고 세 아들과 두 딸을 선물로 주셨습니다. 사무엘상 2장 21절은 "야훼께서 한나를 돌보시사 그로 하여금 임신하여 세 아들과 두 딸을 낳게 하셨고 아이 사무엘은 야훼 앞에서 자라니라"라고 말씀합니다. 우리가 헌신할 때, 하나님께서는 우리의 삶 속에 더 놀라운 축복을 주십니다.

대부분의 사람들은 받는 일에는 익숙하지만, 나누는 일에는 인색합니다. 우리가 하나님께 얼마나 많은 축복을 받았습니까? 그런데도 우리는 하나님께 드리려 하지 않고, 이웃에게 베풀려 하지 않습니다. 우리는 하나님께 받은 은혜에 감사하며 일생에 가장 귀한 것을 하나님께 드리는 헌신의 삶을 살아야 합니다. 또한 지금까지 하나님께 받은 사랑을 이웃에게 베풀고 나누며 살아가야 합니다. 우리가 열심히 구제하고 선교할 때, 하나님께서 하늘의 문을 여시고 쌓을 곳이 없도록 우리에게 부어주십니다. 영혼이 잘됨같이 범사가 잘되며 강건하게 되고, 생명을 얻되 더 풍성히 얻는 은혜와 축복을 주실 것입니다. 여러분 모두가 거룩한 꿈을 가지고 하나님께 헌신하고, 이웃을 섬김으로써 하나님께 영광 돌리시기를 바랍니다.

여러분, 한나와 같이 기도에 최선을 다하며, 긍정적인 믿음으로 나아가고, 헌신적인 사랑으로 하나님의 사랑에 보답하는 모두가 되시기를 바랍니다. 무엇보다도 사회의 도덕적인 기준이 무너지고, 혼란한 이 시대에 자녀들을 하나님께로 인도하고, 하나님께 축복받는 가정으로 변화시키는 위대한 믿음의 부모님이 되시기를 간절히 축원합니다.

11

나를 불쌍히 여기소서

"그들이 여리고에 이르렀더니 예수께서 제자들과 허다한 무리와 함께 여리고에서 나가실 때에 디매오의 아들인 맹인 거지 바디매오가 길 가에 앉았다가 나사렛 예수시란 말을 듣고 소리 질러 이르되 다윗의 자손 예수여 나를 불쌍히 여기소서 하거늘 많은 사람이 꾸짖어 잠잠하라 하되 그가 더욱 크게 소리 질러 이르되 다윗의 자손이여 나를 불쌍히 여기소서 하는지라 예수께서 머물러 서서 그를 부르라 하시니 그들이 그 맹인을 부르며 이르되 안심하고 일어나라 그가 너를 부르신다 하매 맹인이 겉옷을 내버리고 뛰어 일어나 예수께 나아오거늘 예수께서 말씀하여 이르시되 네게 무엇을 하여 주기를 원하느냐 맹인이 이르되 선생님이여 보기를 원하나이다 예수께서 이르시되 가라 네 믿음이 너를 구원하였느니라 하시니 그가 곧 보게 되어 예수를 길에서 따르니라" 마가복음 10장 46-52절

사람의 약점은 늘 자기 자신을 모든 것의 기준으로 삼으려고 한다는 것입니다. 그러다 보니 독선, 교만, 편견에 빠지게 되고, 때로는 열등의식, 우울증, 패배 의식에 빠지게 되는 것입니다. 그

러나 예수님을 믿는 우리는 주 안에서 올바른 정체성을 소유해야 합니다. 우리는 하나님의 축복받은 자녀입니다. 우리는 하나님께 사랑받고 있습니다. 하나님께서는 우리의 모든 것이 합력하여 선을 이루게 해주시고, 하나님의 영광을 위해 우리를 귀하게 사용해주십니다. 그러므로 우리는 우리 자신의 기준을 버리고 항상 하나님의 시각으로 모든 것을 바라보고, 오직 주님의 은혜와 긍휼을 구해야 합니다.

주님께서 우리를 불쌍히 여겨주시면 우리 영, 혼, 육을 고통스럽게 하는 모든 장애와 질병을 고침받게 되고 하나님 안에 놀라운 은혜와 평강을 누리며 살아가게 됩니다. 오늘은 주님께 불쌍히 여김을 받아 놀라운 치유를 경험하고, 믿음 안에서 새로운 삶을 시작하게 된 바디매오를 통해 우리에게 주시는 은혜를 살펴보기 원합니다.

첫째로, '육적 맹인의 삶'에 대해 말씀드리기를 원합니다.

마가복음 10장 46절은 "그들이 여리고에 이르렀더니 예수께서 제자들과 허다한 무리와 함께 여리고에서 나가실 때에 디매오의 아들인 맹인 거지 바디매오가 길 가에 앉았다가"라고 말씀합니다. 예수님께서 십자가를 지시기 위해 예루살렘으로 가시는 길에 여리고를 지나시게 되었습니다. 많은 무리들이 예수님의 뒤를 따랐는데, 그곳 거리에 구걸하던 맹인 거지 바디매오가 있었습니다.

앞을 볼 수 없으니 이천 년 전에 그가 할 수 있는 일은 구걸뿐이었습니다. 그의 생활을 도와주는 사람도 없었고, 그는 더 나은 삶에 대한 희망도 잃어버린 지 오래였습니다. 이처럼 육신의 장애로 인해 그는 절망적 삶을 살 수밖에 없었던 것입니다.

오늘날에도 많은 사람들이 크고 작은 장애를 안고 살아가고 있습니다. 의료 기술이 발달하고, 국가가 복지 향상에 노력한다고 하지만, 가족 중에 장애를 가진 사람이 있으면 당사자는 물론, 그 가정에 많은 눈물과 아픔이 있게 됩니다. 그러나 우리가 육신의 어떠한 장애로 고통당하고 있다고 할지라도 절대로 낙심하고 좌절해서는 안 됩니다. 이천 년 전에 예수님께서 십자가에서 우리의 모든 장애와 질병으로 인한 절망을 치유와 회복의 희망으로 바꿔놓으셨기 때문입니다. 우리는 이미 이천년 전에 예수님의 십자가에서 다 고침을 받은 것입니다.

예수님께서는 공생애 기간 동안에 예수님께 나아오는 수많은 병자들을 다 고쳐주셨던 것을 우리는 잘 알고 있습니다. 마태복음 4장 23-24절은 "예수께서 온 갈릴리에 두루 다니사 그들의 회당에서 가르치시며 천국 복음을 전파하시며 백성 중의 모든 병과 모든 약한 것을 고치시니 그의 소문이 온 수리아에 퍼진지라 사람들이 모든 앓는 자 곧 각종 병에 걸려서 고통 당하는 자, 귀신 들린 자, 간질하는 자, 중풍병자들을 데려오니 그들을 고치시더라"라고 말씀합니다.

병든 자를 긍휼히 여겨주시며, 고쳐주신 이 예수님께서 지금도 우리를 긍휼히 여겨주시고 고쳐주십니다. 그러므로 어떠한 육신의 질병과 장애 가운데 있다고 할지라도 결코 절망하지 말고, 어제나 오늘이나 영원토록 동일하신 예수님을 바라보고 의지함으로 말미암아 놀라운 치유의 은혜, 회복의 은혜를 경험하는 여러분이 되시기를 바랍니다.

둘째로, '심적 맹인'에 대해 말씀드리기를 원합니다.

육신의 장애는 삶과 인격에 큰 영향을 미치고, 또 육신의 장애는 마음의 장애로 이어지는 경우가 많습니다. 쉽게 상처받고, 부정적이 되고, 비판적이 되기도 하고, 성격이 과격하거나 모나게 되기도 합니다.

베데스다 연못가의 38년 된 병자가 바로 그랬습니다. 예수님께서 그에게 오셔서 "네가 낫고자 하느냐?"라고 물으셨을 때, 그는 다른 사람 탓을 하면서 불평했습니다. 요한복음 5장 7절은 "병자가 대답하되 주여 물이 움직일 때에 나를 못에 넣어 주는 사람이 없어 내가 가는 동안에 다른 사람이 먼저 내려가나이다"라고 말씀합니다.

그는 모든 병의 치료자이신 예수님 앞에서 자신을 못에 넣어 주는 사람이 없고, 다른 사람이 먼저 내려가서 자신의 병을 못 고치고 있다고 불평한 것입니다. 이것을 보면 육신의 장애보다 마음의 장애가 더 큰 문제인 것을 알 수 있습니다.

그런데 요즘 많은 사람들이 사회생활, 직장생활, 가정생활에서 오는 극심한 스트레스와 상처로 마음의 장애를 얻어 고통스러워하고 있습니다. 이러한 마음의 장애를 이겨내지 못한 사람은 작은 문제와 어려움도 큰 것으로 받아들여 매사에 부정적인 생각과 절망적인 생각에 사로잡히곤 합니다. 그러므로 적극적이고 긍정적인 마음 자세를 가지고 예수님을 의지해야 합니다. 예수님께서는 그런 사람을 긍휼히 여겨주시고 도와주십니다.

맹인 바디매오는 예수님께서 그의 곁을 지나가신다는 소리를 듣고 외쳤습니다. 마가복음 10장 47절은 "나사렛 예수시란 말을 듣고 소리 질러 이르되 다윗의 자손 예수여 나를 불쌍히 여기소서 하거늘"이라고 말씀합니다. 그러나 안타깝게도 사람들은 시끄럽다고 야단치며 조용히 하라고 했습니다. 하지만 바디매오는 어떻게 했습니까? 마가복음 10장 48절은 "많은 사람이 꾸짖어 잠잠하라 하되 그가 더욱 크게 소리 질러 이르되 다윗의 자손이여 나를 불쌍히 여기소서 하는지라"라고 말씀합니다. 바디매오는 사람들의 멸시와 천대에도 아랑곳하지 않고 더욱 크게 부르짖어 예수님의 긍휼을 구했습니다.

때로는 나의 절박한 기도에 주변 사람들이 핀잔을 주고, 멸시할 때가 있습니다. 그러나 주님께서는 언제나 우리 기도를 듣고 계십니다. 여러분을 낙심하고 좌절하게 만드는 세상과 사람의 소리에 귀 기울이지 말고 여러분의 기도에 귀를 기울이고 계신 주님을 바라보며 더욱 크게 부르짖을 수 있기를 바랍니다. 그러면 주님께서는 우리를 긍휼히 여겨주시고 반드시 놀라운 축복과 기적을 허락해주십니다.

셋째로, '영적 맹인의 삶'에 대해 말씀드리기를 원합니다.

맹인 중에 진짜 맹인은 예수님을 믿지 않는 사람입니다. 이러한 사람들은 영이 죽은 상태로, 영적인 축복을 전혀 누리지 못하는 불행한 삶을 살고 있는 것입니다. 그러나 이러한 영적 맹인의 삶에서 해방될 수 있는 길이 있습니다. 예수님을 믿을 때 영적 맹인에서 벗어나 구원받은 하나님의 자녀, 하나님의 축복받은 자녀로 거듭나게 됩니다.

요한복음 1장 12절은 "**영접하는 자 곧 그 이름을 믿는 자들에게는 하나님의 자녀가 되는 권세를 주셨으니**"라고 말씀합니다. 회개하고 예수님을 믿기만 하면, 그 순간 전격적으로 신분이 달라집니다. 하나님의 자녀 된 새로운 삶이 시작됩니다.

맹인 바디매오는 예수님께서 가시던 발걸음을 멈추시고 그를 부르시자, 그의 유일한 소유였던 겉옷을 집어 내던지고 예수님께 나아갔습니다(막 10:50). 그리고 예수님께서 "**네게 무엇을 해주기를 원하느냐**"라고 물으실 때, 그는 지체하지 않고 "**보기를 원합니다**"라고 대답했습니다(막 10:51).

물론 예수님께서는 맹인 바디매오가 무엇을 원하는지 다 알고 계셨습니다. 그러나 예수님께서는 그의 입술의 고백, 믿음의 고백을 듣기 원하신 것입니다. 이처럼 바디매오가 믿음의 고백을 하자 놀라운 일이 일어났습니다. 마가복음 10장 52절은 "예수께서 이르시되 가라 네 믿음이 너를 구원하였느니라 하시니 그가 곧 보게 되어 예수를 길에서 따르니라"라고 말씀합니다. 예수님께서는 그가 확고한 믿음을 가지고 예수님께 매달리는 것을 보고 그에게 놀라운 기적을 허락해주셨습니다. 그리고 바디매오는 그 길로 예수님을 따랐습니다. 바디매오는 육신의 눈만 뜬 것이 아니라 영의 눈을 떠서 예수님을 구주로 영접하고 예수님을 따르게 된 것입니다.

예수님께서는 지금도 여러분에게 "내가 너에게 무엇을 해주기를 원하느냐?"라고 묻고 계십니다. 그러므로 강하고 담대한 믿음을 가지고 예수님께 간절히 부르짖고 또 부르짖는 여러분이 되시기를 바랍니다. 육신의 질병을 고쳐주시고, 마음의 상처를 치료해주시고, 믿음을 회복시켜주시기를 간절히 부르짖는 여러분이 되시기를 바랍니다. 우리가 간절히 부르짖을 때 예수님께서는 우리를 불쌍히 여겨주시고 우리 기도에 반드시 응답해주실 것입니다.

12

얍복 나루터의 은혜

"야곱은 홀로 남았더니 어떤 사람이 날이 새도록 야곱과 씨름하다가 자기가 야곱을 이기지 못함을 보고 그가 야곱의 허벅지 관절을 치매 야곱의 허벅지 관절이 그 사람과 씨름할 때에 어긋났더라 그가 이르되 날이 새려하니 나로 가게 하라 야곱이 이르되 당신이 내게 축복하지 아니하면 가게 하지 아니하겠나이다 그 사람이 그에게 이르되 네 이름이 무엇이냐 그가 이르되 야곱이니이다 그가 이르되 네 이름을 다시는 야곱이라 부를 것이 아니요 이스라엘이라 부를 것이니 이는 네가 하나님과 및 사람들과 겨루어 이겼음이니라 야곱이 청하여 이르되 당신의 이름을 알려주소서 그 사람이 이르되 어찌하여 내 이름을 묻느냐 하고 거기서 야곱에게 축복한지라" 창세기 32장 24-29절

일생을 사는 동안 고난을 겪지 않고 사는 사람은 하나도 없습니다. 누구나 크고 작은 고난을 경험합니다. 크리스천에게 있어 고난은 더 큰 축복을 향해 나아가는 과정입니다.

성경은 어디에서도 고난이 저주나, 하나님께 버림받은 증거

라고 말씀하지 않습니다. 오히려 고난이 하나님의 축복을 가져오는 전주곡이라고 말씀합니다.

하나님은 고난을 통해 우리를 의롭게 하시고, 참된 평안을 누리게 하시고, 거룩하게 하셔서 하나님 마음에 합한 자로 만들어 주십니다. 또한 하나님께 쓰임받은 사람들은 모두 고난을 잘 통과한 사람들이었습니다. 오늘은 얍복강 나루터에서 기도함으로 고난을 통과하고 변화된 야곱에 대해 은혜를 나누고자 합니다.

첫째로, 우리 앞에 놓인 강에 대해서 말씀드리기 원합니다.

야곱은 형 에서를 속여 장자권의 축복을 받고 삼촌 라반이 사는 밧단아람으로 도망한 지 20년 만에 열두 자녀와 많은 가축을 거느린 거부가 되어 고향 브엘세바로 돌아오게 되었습니다. 그런데 야곱의 귀향길에는 고난이 기다리고 있었습니다. 지난 20년 동안 복수의 날이 오기만을 기다리던 쌍둥이 형 에서가 군사 400명을 이끌고 야곱을 치러 나오고 있었던 것입니다.

야곱은 심히 두려워하여 에서를 피할 대책을 세웠습니다. 먼저 에서에게 보낼 예물을 택했습니다. 소와 양 등 550마리의 가축을 선물로 택했습니다. 어떻게 해서든 형 에서의 마음을 누그러뜨려 보고 싶었습니다.

그래도 마음이 놓이지 않자 밤중에 일어나 두 아내 라헬과 레아, 두 여종 빌하와 실바, 그리고 열 세 자녀를 먼저 얍복 강을 건너가게 했습니다. 결국 야곱은 홀로 남게 되었습니다. 형에 대한 두려움 앞에서 그 많은 재산, 심지어 가족들도 야곱의 방패막이가 되지 못했습니다. 그렇기 때문에 야곱은 얍복 강을 건너지 못하고 있었습니다.

우리 앞에 놓인 얍복 강은 무엇입니까? 그 무엇이 앞으로 나가야 할 우리의 발목을 붙잡고 있습니까?

오랫동안 대화가 단절된 부모와 자녀, 부부간의 갈등, 믿었던 사람의 배신 등 이러한 것들이 우리가 꼭 한 번 넘어가야 할 강입니다. 한국 사회에는 노사 간의 갈등, 지역 간의 갈등, 다문화가족과 일반 가족의 갈등, 그리고 남북 간의 갈등이 있습니다. 이 갈등의 얍복 강을 건너야만 합니다.

그러나 우리 힘으로 건널 수 없습니다. 누군가의 도움이 필요합니다. 그런데 이 세상 사람 그 누구도 진정한 도움이 될 수 없습니다. 이 갈등의 얍복강을 건너게 하시는 분은 오직 예수님뿐입니다.

주님께서는 우리와 늘 함께해주실 뿐만 아니라 지금도 우리를 위해 중보해주십니다. 모든 갈등을 종식시켜주시고 깨어진 관계를 회복시켜주시며 화목하게 하실 수 있는 유일한 분이신 예수님의 초청의 음성을 들으십시오.

예수님께서는 마태복음 11장 29절에서 "**나는 마음이 온유하고 겸손하니 나의 멍에를 메고 내게 배우라 그리하면 너희 마음이 쉼을 얻으리니**"라고 말씀하셨습니다. 주님께 나아오십시오. 주님의 십자가 밑에 짐을 내려놓으십시오. 주님께서 우리가 건널 수 없는 그 강을 건너게 하시고 참된 평강과 쉼을 얻게 하십니다.

둘째로, 자아가 깨어질 때에 대해 말씀드리기 원합니다.

야곱이 얍복 나루터에서 두려움 속에서 외롭게 홀로 있다가 하나님의 사자를 만났습니다. 절망의 자리에 찾아오신 하나님을 만난 것입니다. 야곱은 하나님께 매달렸습니다. 하나님을 붙잡고 놓지 않았습니다. 사생결단의 기도를 드렸습니다.

하나님의 사자는 야곱이 자신을 놓아주지 않자 야곱의 허벅지 관절을 쳐서 부러뜨렸습니다. 야곱은 평생 다리를 절면서 살아야 할 운명이 되었고, 이젠 형 앞에서 도망갈 수도 없게 되었습니다.

그런데 이 시간이 야곱의 삶의 일생일대의 전환점이 되었습니다. 하나님은 야곱의 허벅지 관절이 아니라, 야곱의 자아를 깨뜨리셨습니다. 교활하고 욕심 많고 자기 뜻을 이루기 위해 거짓과 속임수를 일삼았던 야곱, 오직 자기 생각과 자기 방법대로 살았던 야곱의 인본주의적 자아를 깨뜨리신 것입니다.

이처럼 깨어지고 낮아진 야곱은 하나님께 매달리게 됐습니다. 창세기 32장 26절은 "그가 이르되 날이 새려하니 나로 가게 하라 야곱이 이르되 당신이 내게 축복하지 아니하면 가게 하지 아니하겠나이다"라고 말씀합니다.

야곱은 하나님의 사자를 붙잡고 놓지 않았습니다. 자기에게 복을 달라고 간구했습니다. 야곱에게 남은 것은 아내도, 자식도, 재산도, 건강도 아니었습니다. 오직 하나님뿐이었습니다.

이제 야곱은 완전히 깨어지고 낮아져서 하나님만 의지하는 믿음의 사람으로 새 출발을 하게 되었습니다. 야곱은 하나님의 도우심 없이는 살아갈 수 없음을 철저히 깨달았습니다. 우리 인생의 도움의 길은 주님 한 분뿐입니다.

고난이 축복인 이유가 무엇입니까? 고난을 통해 내 힘, 내 지식, 내 배경, 내 소유를 의지하던 나의 옛 자아가 완전히 깨어지고 하나님만 의지하는 믿음의 사람으로 변화되기 때문입니다. 내가 깨어져야 합니다. 나의 고집과 교만, 강한 자아가 깨어져서 하나님만 바라보고 의지할 때 축복이 임합니다.

셋째로, 하나님께서 다스리시는 인생에 대해서 말씀드리기 원합니다.

야곱이 철저히 깨어지고 낮아진 후 그에게 놀라운 은혜와 축복이 임했습니다. 하나님의 사자는 야곱에게 이름을 묻습니다. 이름은 그 사람의 정체성과 신분을 말해줍니다. 야곱의 뜻은 '발꿈치를 잡은 자', '속이는 자'였습니다. 야곱은 그의 이름처럼 살아왔습니다. 야곱은 자신이 원하는 것을 얻기 위해 빼앗고, 속이고, 도망치는 삶을 살았습니다.

그러나 창세기 32장 28절은 "그가 이르되 네 이름을 다시는 야곱이라 부를 것이 아니요 이스라엘이라 부를 것이니 이는 네가 하나님과 및 사람들과 겨루어 이겼음이니라"라고 기록하고 있습니다.

하나님의 사자는 야곱에게 "더 이상 너는 야곱이 아니다."라고 말했습니다. 하나님께서는 야곱의 부끄러운 지난날의 기억을 다 지워주셨습니다. 하나님은 사자를 통해 야곱에게 '이스라엘'이라는 새로운 이름을 주셨습니다. 야곱은 새로운 정체성과 신분을 얻게 된 것입니다. 이스라엘은 '하나님께서 다스리신다, 치료하신다, 하나님께서 재판하신다.'라는 의미를 가지고 있습니다.

그의 삶을 이제부터 하나님이 다스리시고 주관하시게 되었습니다. 사기꾼과 같았던 삶이 하나님이 다스리시는 복된 삶이 되었습니다. 드디어 야곱이 하나님을 만난 것입니다!

창세기 32장 31절은 "**그가 브니엘을 지날 때에 해가 돋았고 그의 허벅다리로 말미암아 절었더라**"라고 말씀합니다. 하나님의 사자가 야곱에게 '이스라엘'이라는 새로운 이름을 주고 떠나자 해가 떠올랐습니다. 고난의 밤을 통해 하나님을 만나고 나면 희망의 해, 치료의 해, 기쁨의 해가 떠오릅니다.

비록 야곱은 다리는 절었지만 인생의 대전환점이 지나 새로운 삶을 시작하게 되었습니다. 놀라운 것은 야곱이 하나님을 만나서 변화되었더니 야곱을 죽이러 오던 형 에서의 마음이 변화되었다는 것입니다.

초췌한 모습으로 다리를 절며 오는 동생 야곱을 보고는 에서의 마음속에 긍휼히 여기는 마음이 들었습니다. 20년 동안 복수를 다짐하고 다짐했던 에서의 마음이 한 순간에 녹아버렸습니다.

사랑하는 여러분, 주님이 함께하시면 원수가 친구가 됩니다. 미움도 용서가 됩니다. 다툼도 사랑이 됩니다. 천한 모습에서 위대한 하나님의 사람이 됩니다. 얍복 나루터에서 사생결단의 기도로 전환점을 맞이한 야곱처럼 예수님의 십자가 밑에서 삶의 전환점을 맞이하십시오. 여러분 모두가 하나님이 함께하시는 하나님의 사람으로 살아가시기를 주님의 이름으로 축원합니다.

예화   김응선 장로님

  5대째 믿음을 이어오는 신앙 명가로 꼽히는 前 국정원장 김승규 장로 가족은 연말이나 연초에 100여 명의 가족이 참석하는 가족 예배를 드린다. 이 예배의 취지는 돌아가신 부모님 김응선 장로와 박여옥 권사의 신앙 유산을 이어가기 위함이다.

  부친 고(故) 김응선 장로님은 9남매를 두었다. "하루를 기도로 시작하라"라는 신념 아래 매일 새벽 모든 자녀들을 깨워서 가정 예배를 드린 후 또 교회에 나가서 새벽예배를 드렸다.

  어느 추운 겨울날 새벽기도를 드리기 위해 집을 나섰던 장로님과 권사님은 잠시 후 물에 흠뻑 젖어 되돌아왔다. 빙판길에 미끄러져 강물에 빠진 것이다. 옷에 고드름이 맺히도록 추웠지만 몸도 녹이지 않고 옷만 갈아입고 다시 교회로 갔다.

  장로님이 주일예배 때 대표기도를 하려고 단 위에 올라갔을 때의 일이다. 그때 목사님이 장로님을 말렸다.

  "죄송합니다. 정장을 입으신 분이 기도해주세요." 농사를 지어 9남매를 가르치다 보니 양복은 엄두도 낼 수 없었던 장로님은 강단에서 내려와 눈물을 쏟았다. "하나님, 내 자식들에게만은 가난을 물려주지 않게 하소서"라고 간절히 기도했다.

  기도로 하루를 시작하고, 가정예배와 새벽예배를 통해 자녀들에게 어릴 적에 심어준 확고한 신앙 덕분에 이들은 모두 국정원장, 장관, 국회의원, 교장, 기업체 회장 등 각계의 지도자가 되었다. 그리고 장로님의 9남매를 통해 104명의 예수 잘 믿는 후손이 탄생했다. 한 집안에 장로와 권사가 16명이다. 늘 기도하고 성경을 읽는 부모님들의 모습을 보면서 자손들은 신앙과 우애를 키웠고 신앙의 명가를 이루었던 것이다.

5

작은 예수가 되는 길

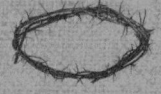

절대 긍정의 믿음의 영성

13 _ 강하고 담대하라
14 _ 불가능을 가능케 하는 믿음
15 _ 잠잠하라 고요하라

13

강하고 담대하라

"너희는 강하고 담대하라 두려워하지 말라 그들 앞에서 떨지 말라 이는 네 하나님 야훼 그가 너와 함께 가시며 결코 너를 떠나지 아니하시며 버리지 아니하실 것임이라 하고 모세가 여호수아를 불러 온 이스라엘의 목전에서 그에게 이르되 너는 강하고 담대하라 너는 이 백성을 거느리고 야훼께서 그들의 조상에게 주리라고 맹세하신 땅에 들어가서 그들에게 그 땅을 차지하게 하라 그리하면 야훼 그가 네 앞에서 가시며 너와 함께 하사 너를 떠나지 아니하시며 버리지 아니하시리니 너는 두려워하지 말라 놀라지 말라" 신 31:6-8

우리는 늘 미래에 대한 불안한 마음이 있습니다. 또 예기치 않은 어려움이 다가올 때, 절망이 다가올 때, 슬픔이 다가올 때, 우리는 견디지 못하고 무너져내립니다. 하지만 성경은 우리에게 마음을 강하게 하고 담대히 하라고 말씀합니다. 우리는 오직 하나님만 믿고 의지하며 마음을 강하게 하고 담대히 함으로 우리에게 다가오는 모든 어려움을 이기고 승리하는 주님의 귀한 일꾼이 되어야 합니다. 오늘 말씀은 어려움과 절망 가운데서 우리가 어떤 사람이 되어야 하는지를 가르쳐주고 있습니다.

첫째로, 우리는 '강한 믿음의 소유자'가 되어야 합니다.

신명기 31장 6절은 "너희는 강하고 담대하라 두려워하지 말라 그들 앞에서 떨지 말라 이는 네 하나님 야훼 그가 너와 함께 가시며 결코 너를 떠나지 아니하시며 버리지 아니하실 것임이라"라고 말씀합니다. 이 말씀은 모세가 그의 사명을 다 마치고 마지막으로 그의 후계자인 여호수아와 이스라엘 백성에게 남긴 말입니다.

모세는 이제 사명을 마치고 하나님께서 자기를 부르실 날이 얼마 남지 않은 것을 알았습니다. 그런데 모세의 마음속에 깊은 염려가 있었습니다. 그것은 '이스라엘 백성이 가나안 땅에 가서 가나안의 전쟁에 능하고 철병거로 무장을 한 기골이 장대한 족속들과 싸워야 하는데, 가나안의 족속들과 싸워보기도 전에 두려워 떨며 낙심하면 어떻게 할까?' 하는 걱정이었습니다.

모세는 하나님께서 주시는 은혜의 말씀을 따라서 여호수아에게 "마음을 강하게 하고 담대히 하라. 야웨 하나님께서 함께 하신다."라고 권면했습니다. 하나님께서는 여호수아서 1장 6절부터 9절에서 여호수아에게 친히 "강하고 담대하라"라고 세 번이나 반복해서 말씀하셨습니다.

잠언 4장 23절은 "모든 지킬 만한 것 중에 더욱 네 마음을 지키라 생명의 근원이 이에서 남이니라"라고 말씀합니다. 우리는 마음을 지켜야 합니다. 마음이 무너지면 모든 것이 다 무너져내립니다. 그래서 모세가 자기의 후계자인 여호수아와 이스라엘 백성들에게 "강하고 담대하라"라고 몇 차례나 권면했던 것입니다. 우리 자신을 바라보면 낙심할 수밖에 없습니다. 사람을 바라보고 환경을 바라보면 우리의 마음속에는 염려와 근심이 가득할 수밖에 없습니다. 그렇기 때문에 환경을 바라보지 말고, 사람을 바라보지 말고, 내 자신의 힘과 능력을 바라보지 말고 믿음의 주요 또 온전케 하시는 예수님만 바라보고 나아가야 됩니다.

요한복음 16장 33절은 "이것을 너희에게 이르는 것은 너희로 내 안에서 평안을 누리게 하려 함이라 세상에서는 너희가 환난을 당하나 담대하라 내가 세상을 이기었노라"라고 말씀합니다.

세상을 이기신 예수님이 우리와 함께하고 계십니다. 그러므로 우리는 염려할 것이 없습니다. 걱정할 것이 없습니다. 문제가 다가오고 어려움이 다가오고 슬픔이 다가와도 예수님만 믿고 의지하고 나아가면 하나님께서 우리를 도와주실 것입니다.

둘째로, 우리는 '하나님께서 함께하시는 일꾼'이 되어야 합니다.

신명기 31장 6절의 후반부는 "네 하나님 야훼 그가 너와 함께 가시며 결코 너를 떠나지 아니하시며 버리지 아니하실 것임이라"라고 말씀합니다. 우리가 두려워하지 않고 마음을 강하게 하고 담대하게 할 수 있는 이유는 하나님께서 함께하시고 우리를 떠나지 않으시기 때문입니다.

하나님이 함께하신다는 확신을 가지면 어떤 어려움도, 어떤 문제도, 어떤 슬픔과 고통도 넉넉히 이길 수 있게 됩니다. 우리와 함께하시는 하나님은 우리를 떠나지 않으시고 우리를 버리지 않으십니다.

마태복음 28장 20절은 "볼지어다 내가 세상 끝날까지 너희와 항상 함께 있으리라"라고 말씀하고, 히브리서 13장 5절은 "내가 결코 너희를 버리지 아니하고 너희를 떠나지 아니하리라"라고 말씀합니다.

하나님께서 우리와 함께하십니다. 성령님께서는 항상 우리와 함께하시며 우리를 떠나지 않으시고 우리를 버리지 않으십니다. 그러므로 우리는 임마누엘 하나님을 믿고, 의지하고 나아가야 합니다. 하나님께서는 우리의 목자가 되어주시고 우리의 모든 필요를 채워주십니다.

시편 23편 1-2절은 "**야훼는 나의 목자시니 내게 부족함이 없으리로다 그가 나를 푸른 풀밭에 누이시며 쉴 만한 물 가로 인도하시는도다**"라고 말씀합니다. 세상의 부귀영화는 잠깐의 기쁨과 위로를 줄 수 있습니다. 그러나 세상의 그 어떤 것도 우리의 영혼의 갈급함을 채워주지 못합니다. 하나님 안에서의 평안과 안식은 세상의 그 어떤 것과도 비교할 수 없습니다. 우리가 예수님을 주님으로 영접하면, 하나님께서는 우리의 목자가 되어주시고, 우리의 갈 길을 인도해주십니다. 우리는 하나님과 동행하며, 하나님께서 함께하시는 착하고 충성된 일꾼의 삶을 살아야 합니다. 우리는 여호수아와 같이 강하고 담대한 지도자가 되어서 약속의 말씀을 붙잡고 하나님의 귀한 뜻을 이뤄나가는 주님의 귀한 일꾼들이 되어야 합니다.

셋째로, 우리는 '약속의 말씀을 성취하는 지도자'가 되어야 합니다.

신명기 31장 7절은 "모세가 여호수아를 불러 온 이스라엘의 목전에서 그에게 이르되 너는 강하고 담대하라 너는 이 백성을 거느리고 야훼께서 그들의 조상에게 주리라고 맹세하신 땅에 들어가서 그들에게 그 땅을 차지하게 하라"라고 말씀합니다.

신명기 31장 7절 말씀은 하나님께서 아브라함과, 그의 자손 이삭과 야곱에게 약속하신 말씀과 깊은 연관을 맺고 있습니다. 하나님께서는 창세기 12장 1절에서 아브라함에게 약속의 땅 가나안을 약속하셨습니다.

창세기 12장 1절은 "야훼께서 아브람에게 이르시되 너는 너의 고향과 친척과 아버지의 집을 떠나 내가 네게 보여줄 땅으로 가라"라고 말씀합니다.

하나님께서 아브라함에게 주신 약속은 그의 아들 이삭에게까지 이어졌습니다. 하나님의 약속은 대를 이어서 성취됩니다. 창세기 26장 2-4절은 "야훼께서 이삭에게 나타나 이르시되 애굽으로 내려가지 말고 내가 네게 지시하는 땅에 거주하라 이 땅에 거류하면 내가 너와 함께 있어 네게 복을 주고 내가 이 모든 땅을 너와 네 자손에게 주리라 내가 네 아버지 아브라함에게 맹세한 것을 이루어 네 자손을 하늘의 별과 같이 번성하게 하며 이 모든 땅을 네 자손에게 주리니 네 자손으로 말미암아 천하 만민이 복을 받으리라"라고 말씀합니다.

그리고 아브라함과 이삭에게 주어졌던 약속은 이삭의 아들 야곱에게도 이어지고 있습니다. 이에 대해 창세기 28장 13-14절은 "또 본즉 야훼께서 그 위에 서서 이르시되 나는 야훼니 너의 조부 아브라함의 하나님이요 이삭의 하나님이라 네가 누워있는 땅을 내가 너와 네 자손에게 주리니 네 자손이 땅의 티끌 같이 되어 네가 서쪽과 동쪽과 북쪽과 남쪽으로 퍼져 나갈지며 땅의 모든 족속이 너와 네 자손으로 말미암아 복을 받으리라"라고 말씀합니다.

이와 같이 하나님의 약속의 말씀을 받은 아브라함과 이삭과 야곱은 이 말씀을 믿고 의지했습니다. 비록 기근과 같은 어려움을 만나서 약속의 땅 가나안을 떠날 때도 있었지만 하나님께서는 이들을 반드시 다시 약속의 땅으로 돌아오도록 은혜를 베풀어주셨습니다. 하나님께서는 약속의 말씀을 변개치 않으시고 성취하십니다.

그러므로 우리는 하나님의 말씀을 굳게 믿고, 하나님의 말씀을 성취하는 지도자가 되어야 합니다. 어떠한 문제와 어려움들이 다가와도 주님과 동행하며 모든 환난을 헤쳐나가는 믿음의 사람들이 되어야 합니다. 우리는 하나님의 약속의 말씀을 믿고 성취하는 믿음의 모범을 보여야 합니다. 그리하면 우리의 모습을 보는 모든 사람들과 우리의 후손이 하나님의 복을 받게 될 것입니다.

지금 온 세상이 우리를 부르고 있습니다. 절망에 처한 사람들이 우리를 부르고 있습니다. 상처 입은 사람들이 우리를 부르고 있습니다. 우리는 그 음성을 듣고 나아가야 합니다. 강하고 담대한 믿음으로 그들에게 나아가서 예수님의 사랑을 베풀고 힘과 용기를 주고 하나님의 위대한 역사를 이루는 하나님의 귀한 일꾼들이 되어야 합니다. 모두가 강하고 담대한 믿음의 사람이 되어서 오직 하나님의 말씀에 순종하고 하나님의 말씀을 성취해나가는 하나님의 귀한 일꾼 되시기를 예수님의 이름으로 축원합니다.

14

불가능을 가능케 하는 믿음

"수 일 후에 예수께서 다시 가버나움에 들어가시니 집에 계시다는 소문이 들린지라 많은 사람이 모여서 문 앞까지도 들어설 자리가 없게 되었는데 예수께서 그들에게 도를 말씀하시더니 사람들이 한 중풍병자를 네 사람에게 메워 가지고 예수께로 올새 무리들 때문에 예수께 데려갈 수 없으므로 그 계신 곳의 지붕을 뜯어 구멍을 내고 중풍병자가 누운 상을 달아 내리니 예수께서 그들의 믿음을 보시고 중풍병자에게 이르시되 작은 자야 네 죄 사함을 받았느니라 하시니" 마가복음 2장 1-5절

우리 기독교 신앙은 믿음으로 출발합니다. 우리는 믿음이 없이는 신앙생활을 할 수가 없습니다. 그리고 우리 믿음의 기초는 바로 예수 그리스도이십니다. 히브리서 12장 2절은 "**믿음의 주요 또 온전하게 하시는 이인 예수를 바라보자**"라고 말씀합니다. 우리의 믿음은 늘 예수님을 바라보는 믿음이 되어야 합니다. 진

정한 믿음은 내 모든 것을 다 내려놓고 하나님만 믿고 의지하며 나아가는 것입니다.

아브라함은 개인적으로 볼 때는 실수가 많은 사람이었지만, 하나님께서는 그 믿음을 보시고 그를 택하셔서 믿음의 조상으로 세워주셨습니다. 그러므로 우리가 한 번뿐인 인생을 살아갈 때, 하나님을 기쁘시게 하는 믿음의 삶을 살아야 합니다. 오늘은 이와 같은 이유에서 믿음의 사람들이 어떻게 하나님의 기적을 체험했는지에 대해 말씀드리고자 합니다.

첫째로, 앞에 놓인 장애물에 대해 말씀드리겠습니다.

마가복음 2장 2절은 "많은 사람이 모여서 문 앞까지도 들어설 자리가 없게 되었는데 예수께서 그들에게 도를 말씀하시더니"라고 말씀합니다.

예수님께서 가버나움의 한 집에 들어가셔서 말씀을 전하실 때, 사람들이 방 안과 마당까지 가득 찼고, 온 집을 둘러쌌습니다. 예수님의 말씀에 은혜가 있고, 놀라운 하나님의 역사가 나타났기 때문에 말씀을 사모하여 모인 것입니다.

그런데 그 동네에 중증 중풍병을 앓던 환자가 있었습니다. 얼마나 병이 심했던지, 몸을 거동할 수가 없어서 네 친구가 들것에 싣고 예수님께 나아갔습니다. 그들은 "예수님께서 어떤 병도 고치시고 죽은 자도 살리시는 하나님의 아들 곧 메시아이시다."라는 소문을 듣고 예수님께 나아간 것입니다. 오늘날도 예수님께 나아오기만 하면 해결하지 못할 문제가 없습니다. 치료받지 못할 병이 없습니다. 예수님은 기적의 하나님이시고 치료의 하나님이시며 용서의 하나님이십니다.

그런데 이 네 친구가 중풍병자를 들것에 실어 예수님께 와서 보니 너무나 많은 사람이 그 집을 둘러싸고 있어서 들어갈 수가 없었습니다. 예수님께 나아가는데 앞에 장애물이 놓인 것입니다. 마찬가지로 하나님과 우리 인간 사이를 가로 막고 있는 장애물이 있습니다. 그것은 바로 죄입니다. 우리는 죄 때문에 우리 스스로의 힘으로는 도저히 예수님께 나아갈 수 없는 중풍병자와 같은 존재가 되었습니다. 그런데 하나님의 전적인 은혜로 말미암아 하나님께서 우리를 택하시고 부르셨습니다. 그리고 예수님을 믿음으로 구원받아 하나님의 자녀가 되어 하나님 앞에 나와 예배를 드리게 되었습니다. 그렇기 때문에 우리는 이 놀라운 은혜에 대해서 감사해야 합니다.

중풍병자의 친구들은 되돌아갈 생각을 하지 않았습니다. 그들은 눈앞에 있는 장애물을 본 것이 아니라, 믿음의 눈으로 예수님께 나아갈 길을 바라보았습니다. 그때 믿음의 눈이 열려서, '방법이 있다. 지붕에 올라가서 지붕을 뜯자.'라는 생각을 하게 되었습니다. 이렇듯 믿음은 기적을 만들어냅니다. 불가능을 가능케 합니다.

우리가 하나님을 섬길 때도 때때로 우리 앞에 장애물들이 놓입니다. 문제가 생기고 어려움이 다가옵니다. 그런데 우리는 이러한 어려움을 믿음으로 극복하고 넘어서야 합니다. 어떠한 문제와 어려움이 있다고 할지라도 절대로 포기하지 말고 뒤로 물러가지 말고 믿음으로 전진해가는 여러분이 되시기를 바랍니다.

둘째로, 하나 됨의 역사에 대해 말씀드리겠습니다.

마가복음 2장 3절은 "사람들이 한 중풍병자를 네 사람에게 메워 가지고 예수께로 올새"라고 말씀합니다.

네 사람이 한마음이 되어서 중풍병자를 메고 왔습니다. 시편 133편 1절은 " 보라 형제가 연합하여 동거함이 어찌 그리 선하고 아름다운고"라고 말씀합니다. 우리는 하나가 되어야 합니다. 하나가 될 때, 기적이 이루어집니다.

출애굽기 17장을 보면 이스라엘과 아말렉이 전투할 때 모세가 두 손을 들어 기도했습니다. 이때 아론과 훌이 모세의 손을 붙잡고 함께 기도함으로 말미암아 전쟁에서 크게 승리했습니다. 우리는 하나가 되어야 합니다. 어떠한 경우에도 나뉘면 안 됩니다. 가정과 구역과 직장이 하나가 되어야 합니다. 교회 모든 부서가 하나가 되어야 되고 우리 대한민국이 하나가 되어야 합니다.

초대교회 공동체는 하나 됨의 역사를 이룬 교회였습니다. 사도행전 2장 44-47절은 "믿는 사람이 다 함께 있어 모든 물건을 서로 통용하고 또 재산과 소유를 팔아 각 사람의 필요를 따라 나눠 주며 날마다 마음을 같이하여 성전에 모이기를 힘쓰고 집에서 떡을 떼며 기쁨과 순전한 마음으로 음식을 먹고 하나님을 찬미하며 또 온 백성에게 칭송을 받으니 주께서 구원 받는 사람을 날마다 더하게 하시니라" 라고 기록하고 있습니다.

저들은 사랑으로 하나 된 공동체를 이루었습니다. 그래서 교회 안에 가난한 사람들이 없었습니다. 교회 안에 헐벗고 굶주린 사람이 들어오면 모두가 도와서 그들이 자립할 수 있는 터전을 마련해주었습니다. 그러자 교회가 온 백성에게 칭송을 받고 구원받는 사람들이 날마다 더해졌습니다. 교회가 사랑으로 하나가 되니 사회로부터 칭찬을 받고 부흥하는 역사가 일어난 것입니다.

그런데 우리는 우리의 힘으로 하나가 될 수 없습니다. 성령의 은혜가 임해야 합니다. 그래서 에베소서 4장 3절은 "평안의 매는 줄로 성령이 하나 되게 하신 것을 힘써 지키라"라고 말씀합니다. 서로의 약점과 허물을 찾아 비난하고 다투는 것이 아니라, 허물은 덮고 서로 사랑하고 용서하고 힘을 합해야 합니다. 한마음이 되어 맡겨진 귀한 사명을 감당하고, 어두워진 사회를 밝히는 귀한 하나님의 일꾼들이 되어야 합니다. 그렇게 될 때, 하나님께서 예비하신 축복과 기적의 미래가 우리에게 다가올 것입니다.

셋째로, 믿음의 기적에 대해 말씀드리겠습니다.

마가복음 2장 4-5절은 "무리들 때문에 예수께 데려갈 수 없으므로 그 계신 곳의 지붕을 뜯어 구멍을 내고 중풍병자가 누운 상을 달아내리니 예수께서 그들의 믿음을 보시고 중풍병자에게 이르시되 작은 자야 네 죄 사함을 받았느니라 하시니"라고 말씀합니다.

그 당시 팔레스타인 지방의 집은 단층 슬라브로 된 집으로, 지붕은 나무를 깔고 그 위에 나뭇가지를 얼기설기 얽은 다음 진흙을 발라서 평평하게 만들었습니다. 그래서 지붕을 뚫는 것이 불가능한 일이 아니었으며, 지붕으로 올라가는 계단도 있었습니다.

밑에서 예수님께서 말씀을 전하고 계시는데 그들이 지붕을 부수었습니다. 천장에서 흙덩어리가 쏟아지고 먼지가 납니다. 더군다나 들것에 누인 중풍병자가 내려갈 만큼 뚫어야 하니 얼마나 크게 뚫어야 되겠습니까? 사람들은 이 네 친구를 비난했지만, 그들은 아랑곳하지 않았습니다. 그들에게 필요한 것은 예수님 앞에 그 중풍병자를 내려서 병 고침받는 것이었기 때문입니다. 그들은 그 누가 뭐라고 해도 귀를 기울이지 않고, 지붕을 뜯는 일에 온 힘을 기울였습니다.

이와 같이 믿음은 환경을 바라보지 않고 나아가는 것입니다. 사람들이 뭐라고 하더라도 사람들의 음성을 듣지 않는 것입니다. 사람들은 "안됩니다. 할 수 없습니다. 끝났습니다. 포기하십시오."라고 말합니다. 그러나 그런 말을 듣고 멈추면 우리는 어떠한 기적도 기대할 수가 없습니다.

맥아더 장군이 인천 상륙작전을 할 때, 사람들은 그에게 "인천

앞바다는 간만의 차가 커서 도저히 배를 댈 수 없다. 안 된다."라고 말했습니다. 그러나 맥아더 장군은 인천상륙작전을 성공하였고, 이를 통해 공산군의 허점을 찔러서 우리 대한민국을 구해내었습니다.

이와 같이 믿음은 불가능을 가능케 합니다. 중풍병자의 네 친구들도 믿음으로 예수님께 나아가 지붕을 뚫고, 그 틈 사이로 들것을 내렸습니다. 그리고 예수님께서는 그들의 믿음을 보시고 감동하시고 기뻐하셔서 중풍병자의 병을 낫게 하셨습니다. 마가복음 2장 11-12절은 "내가 네게 이르노니 일어나 네 상을 가지고 집으로 가라 하시니 그가 일어나 곧 상을 가지고 모든 사람 앞에서 나가거늘 그들이 다 놀라 하나님께 영광을 돌리며 이르되 우리가 이런 일을 도무지 보지 못하였다 하더라"라고 말씀합니다.

믿음을 가지면 오늘도 이와 같은 일이 일어납니다. 그러므로 절대로 중도에 포기하지 마십시오. 어떠한 부정적인 얘기를 들어도 낙심하지 말고, 오직 약속의 말씀을 붙잡고 절대 긍정의 믿음을 갖고 전진해나가시기 바랍니다.

사랑하는 여러분! 하나님께서는 여러분의 일생을 인도해주십니다. 내게 문제가 다가오고 질병이 다가오고 가정의 어려움이 다가오고 사업의 어려움이 다가와도 믿음의 주요, 온전케 하시는 예수님만 바라보십시오. 절대 긍정의 믿음으로 전진해나아갈 때 기적이 다가올 것입니다. 은혜가 임하고 문제가 해결될 것입니다. 이와 같은 큰 믿음의 사람으로 살아가는 여러분 되시기를 예수님의 이름으로 축원합니다.

15

잠잠하라 고요하라

"그 날 저물 때에 제자들에게 이르시되 우리가 저편으로 건너가자 하시니 그들이 무리를 떠나 예수를 배에 계신 그대로 모시고 가매 다른 배들도 함께 하더니 큰 광풍이 일어나며 물결이 배에 부딪쳐 들어와 배에 가득하게 되었더라 예수께서는 고물에서 베개를 베고 주무시더니 제자들이 깨우며 이르되 선생님이여 우리가 죽게 된 것을 돌보지 아니하시나이까 하니 예수께서 깨어 바람을 꾸짖으시며 바다더러 이르시되 잠잠하라 고요하라 하시니 바람이 그치고 아주 잔잔하여지더라 이에 제자들에게 이르시되 어찌하여 이렇게 무서워하느냐 너희가 어찌 믿음이 없느냐 하시니 그들이 심히 두려워하여 서로 말하되 그가 누구이기에 바람과 바다도 순종하는가 하였더라" 마가복음 4장 35-41절

요즘 세상을 살펴보면 모든 것이 동요하고 있습니다. 성경에 나타난 말세의 현상들이 세계 도처에서 일어납니다. 곳곳에서 지진과 분쟁이 일어나고 기근과 질병으로 많은 사람들이 죽어가고 있습니다. 그러나 이 모든 문제를 우리 스스로는 해결할 수가

없습니다. 그렇기 때문에 우리는 우리의 연약함을 고백하고 모든 문제의 해결자 되시는 하나님 앞에 나와야 합니다. 온 우주와 만물을 지으시고 다스리시는 만군의 야훼 하나님을 믿고 믿음으로 나아갈 때 하나님께서 우리를 도우시기 때문입니다. 오늘은 이와 같은 이유에서 풍랑을 잠잠케 하신 예수님에 대해 말씀드리고자 합니다.

첫째로, 풍랑을 만난 제자들에 대해 말씀드리겠습니다.

마가복음 4장 36-37절은 "그들이 무리를 떠나 예수를 배에 계신 그대로 모시고 가매 다른 배들도 함께 하더니 큰 광풍이 일어나며 물결이 배에 부딪쳐 들어와 배에 가득하게 되었더라"라고 말씀합니다. 예수님께서 하루 종일 말씀을 전하시고 갈릴리 호수에 배를 타고 건너가는데 갑자기 광풍이 일어나고 위험에 처하게 되었습니다.

우리가 살아가다 보면 이와 같이 예기치 않은 큰 풍랑이 몰려올 때가 있습니다. 예를 들면, 갑자기 병원에서 암 말기 선고를 받는 질병의 풍랑이 다가오기도 합니다. 협력 업체의 부도로 연

쇄 부도를 맞는 사업의 풍랑이 다가오기도 합니다. 착한 아이가 잘못된 친구를 사귀어 반항하고 문제를 일으키는 가정의 풍랑이 다가오기도 합니다. 그런데 이런 풍랑이 다가올 때 눈 하나 깜짝하지 마시기 바랍니다. 베드로전서 4장 12절은 "**사랑하는 자들아 너희를 연단하려고 오는 불 시험을 이상한 일 당하는 것 같이 이상히 여기지 말고**"라고 말씀합니다. 풍랑이 다가오는 이유는 하나님께서 우리의 믿음을 더 굳세게 만들고 성장시켜주시려는 의도가 있기 때문입니다.

사람들은 풍랑이 다가오면 풍랑을 바라보고 염려를 합니다. 문제를 바라보고 염려를 합니다. 그러나 우리는 문제보다 더 크신 예수님을 바라보아야 합니다. 풍랑을 바라보면 우리는 낙심하고 절망할 수밖에 없지만, 문제보다 크신 예수님을 바라보면 넉넉히 이길 수 있습니다.

그러므로 우리는 스스로 감당하지 못할 많은 문제가 다가올 때 하나님 앞에 빨리 엎드려야 합니다. 그리고 하나님께 "저를 불쌍히 여겨주옵소서. 저를 도우실 분은 하나님 한 분밖에 없습니다. 저를 긍휼히 여겨주시고 이 절망의 자리에서 건져주시옵소서."라고 기도해야 합니다.

둘째로, 주무시고 계신 예수님에 대해 말씀드리겠습니다.

마가복음 4장 38절은 "예수께서는 고물에서 베개를 베고 주무시더니 제자들이 깨우며 이르되 선생님이여 우리가 죽게 된 것을 돌보지 아니하시나이까 하니"라고 말씀합니다. 큰 풍랑 속에서 예수님은 주무시고 계셨습니다. 그런데 여기에는 우리가 영적으로 얻어야 할 교훈이 있습니다. 이 세상을 살아갈 동안 예수님과 늘 동행해야 한다는 것입니다. 자기 일에 바빠 예수님께 관심을 두지 않고 예수님을 주무시게 해서는 안 된다는 것입니다.

풍랑을 만난 제자들은 자기들끼리 문제를 해결해보다가 안 되니까 그제서야 예수님을 깨웠습니다. 그리고는 "우리가 죽게 되었는데 왜 돌아보지 않습니까?"라며 불평했습니다. 그러나 예수님께서는 한번도 제자들에게 무관심하신 적이 없었습니다. 그들이 예수님을 찾지 않았을 뿐, 예수님께서는 항상 그들 곁에 계셨습니다. 시편 50편 15절은 "환난 날에 나를 부르라 내가 너를 건지리니 네가 나를 영화롭게 하리로다"라고 말씀합니다. 이 말씀처럼 우리는 항상 우리 곁에 계신 예수님께 도우심을 간구해야 합니다.

마태복음 15장에 보면, 딸이 귀신이 들려 예수님 앞에 나아온 가나안 여인의 간구가 나옵니다. 그녀는 예수님께 "주 다윗의 자손이여 나를 불쌍히 여기소서"(마 15:22)라고 소리를 질렀습니다. 그러나 예수님은 "자녀의 떡을 취하여 개들에게 던짐이 마땅하지 아니하니라"(마 15:26)라고 말씀하시며 고개를 돌려버리셨습니다. 그러나 이 여인은 무슨 말을 들어도 뒤로 물러가지 않았습니다. 그리고는 "옳소이다마는 개들도 제 주인의 상에서 떨어지는 부스러기를 먹나이다"(마 15:27)라고 대답했습니다. 부스러기 은혜라도 달라는 말에 예수님은 감동하셨습니다.

마태복음 15장 28절은 "이에 예수께서 대답하여 이르시되 여자여 네 믿음이 크도다 네 소원대로 되리라 하시니 그 때로부터 그의 딸이 나으니라"라고 말씀합니다. 여러분, 예수님께 가나안 여인처럼 간구하여 "네 믿음대로 되리라. 네 소원대로 되리라."(마 15:28)라는 음성을 들으시기 바랍니다. 이 여인처럼 간구하면 기적이 다가옵니다. 그러므로 절대로 의심하지 말고 뒤로 물러가지 말고 믿음을 가지고 전진해나가시기 바랍니다.

셋째로, 풍랑을 잠잠케 하신 예수님에 대해 말씀드리겠습니다.

마가복음 4장 39절은 "예수께서 깨어 바람을 꾸짖으시며 바다더러 이르시되 잠잠하라 고요하라 하시니 바람이 그치고 아주 잔잔하여지더라"라고 말씀합니다. 예수님께서 깨어나셔서 바람을 꾸짖으시니 크게 요동치던 물이 고요해졌습니다. 그러므로 어떤 환난과 풍파가 다가와도 담대하게 예수님의 이름으로 외치시기 바랍니다. "예수님의 이름으로 명하노니 원수 마귀야, 잠잠하라! 고요하라!"라고 외치면 귀신이 혼비백산하여 떠나가게 됩니다.

그런데 인생에서 제일 큰 풍랑은 바로 마음속에 있는 풍랑입니다. 어떤 사람은 마음이 죽 끓듯하는 이 풍랑 때문에 죽고 싶어 하기도 합니다. 그러나 마음의 스트레스 역시 예수님 앞에 가지고 나와야 합니다. 기도로 풀어야 합니다. 우리는 예수님을 믿으면서 나약하게 살지 말아야 합니다. 영적으로 마귀를 물리쳐 이겨야 합니다. 그러면 어떻게 마귀를 물리쳐 이길 수 있습니까? 바로 예수님의 말씀으로 물리쳐 이길 수 있습니다. 그러므로 우리는 "나사렛 예수의 이름으로 명하노니 문제의 파도는 잠잠할지어다! 마음에 고통과 괴로움을 가져오는 파도는 잠잠할지어다! 흑암의 세력은 떠나가라!"라고 담대히 명령해야 합니다.

넷째로, 믿음의 역사에 대해 말씀드리겠습니다.

마가복음 4장 40절은 "이에 제자들에게 이르시되 어찌하여 이렇게 무서워하느냐 너희가 어찌 믿음이 없느냐 하시니"라고 말씀합니다. 이스라엘 백성이 430년 동안 종살이 하다가 애굽에서 나오게 되었습니다. 그런데 이들이 기적적으로 애굽에서 나오게 되었음에도 불구하고 앞이 홍해로 가로막히고 뒤에는 바로의 군대가 추격해오자 모두 두려워 떨었습니다. 그러자 이들은 부정적인 생각에 꽉 사로잡혔습니다. "묘지가 없어서 이곳을 공동묘지로 만드느냐?"라며 원망하고 불평했습니다. 하나님께서 구원해주신 그 은혜를 잊고 있었습니다.

그러나 모세가 담대한 믿음으로 이스라엘 백성에게 말했습니다. 출애굽기 14장 13-14절은 " 모세가 백성에게 이르되 **너희는 두려워하지 말고 가만히 서서 야훼께서 오늘 너희를 위하여 행하시는 구원을 보라 너희가 오늘 본 애굽 사람을 영원히 다시 보지 아

너하리라 야훼께서 너희를 위하여 싸우시리니 너희는 가만히 있을지니라"라고 말씀합니다. 이것은 하나님께서 우리를 대신하여 싸워주실 것이니 가만히 있으라는 말씀입니다.

그러므로 풍랑을 만났을 때 '나는 예수님 안에서 넉넉히 이긴다. 하나님의 기적이 나에게 나타난다.'라는 절대 긍정의 믿음을 갖고 사시기 바랍니다. 절대로 낙심하지 말고 뒤로 물러가지 마십시오. 믿음의 주요, 온전케 하시는 예수님만 바라보고 나아가십시오. 그럴 때 기적이 다가옵니다.

사랑하는 여러분! 어떤 풍랑이 다가와도 절대 긍정의 믿음을 갖고 "잠잠하라. 고요하라."라고 선포하시기 바랍니다. 그러면 모든 절망의 풍랑이 잠잠해지고 고요해져서 하나님의 귀한 뜻만이 아름답게 이루어질 것입니다. 예수님만 바라보고 믿음으로 전진하여 하나님께 영광 돌리는 여러분 되시기를 예수님의 이름으로 축원합니다.

 **예화   스탠리 존스**

　인도 선교사로서 선교역사에 큰 발자취를 남긴 스탠리 존스 선교사가 89세 때 뇌출혈로 반신불수가 되어 혼자서는 아무것도 할 수 없게 되었다. 그때 그는, 평생 전했던 말씀을 곤경에 처한 자신의 삶에서, 선교 현장에서 증명해야 하는 사명이 주어졌음을 깨닫는다. 그리고 인생이 온갖 부정적인 상황을 가져다줄 때마다 하나님의 모든 말씀과 약속이 진리라는 것을 긍정하는 '하나님의 예스'이신 그리스도를 말하는 것이 자신을 지탱해주고, 또 모든 필요를 채워준다고 그는 확신했다.

　그는 "왜 나에게 이런 일이 일어났습니까?"라고 한번도 하나님께 묻지 않았다. 뇌졸중으로 마룻바닥에 쓰러져 5시간 넘게 몸을 가누지 못하는 상황에서도 한번도 원망하지 않았다. 오히려 '하나님의 예스'이신 예수님만이 또렷하게 보였다. 그는 치료를 받으면서 자기 병실에 들어오는 모든 의사들에게 "의사 선생님, 나에게 '나사렛 예수 그리스도의 이름으로 명하노니 스탠리야 걸어라.'라고 명령해주십시오."라고 부탁했다. 간호사에게도 마찬가지로 부탁했다.
　이후, 놀랍게도 스탠리는 6개월 만에 병상을 박차고 일어났다. 그리고 90세의 나이에 또 다시 인도로 돌아가 마지막 숨을 거두는 순간까지 67년 동안 인도를 위해 사역했다. 그는 이렇게 말한다.

"뇌졸중으로 쓰러진 상태에서도 저는 여전히 자신의 삶을 향해 "예스!"라고 말했습니다. 그리고 말하고 걷는 법을 다시 배웠습니다. 그리고 다시 일어나 평생을 다하여 사랑했던 사역의 현장 인도로 돌아가 마지막 순간까지 사역했습니다. 인생이 부정을 말할 때에도, 세상과 사람들과 자기 자신조차도 이제 끝장났다고 말할 때에도, 세상이 '노!'(No)라고 소리 높일 때라도, 예수님은 언제나 '예스!'(Yes)라고 말씀하십니다. 우리는 어떤 실패도, 어떤 결함도, 어떤 불행도, 어떤 저주도, 어떤 고통도, 어떤 장애물도 예수 그리스도를 의지할 때 믿음으로 이겨낼 수 있습니다."

6

작은 예수가 되는 길

섬김과 나눔의 영성

16 _ 그 중의 제일은 사랑이라
17 _ 우리가 무엇을 하리이까
18 _ 하나님께서 사랑하시는 자

16

그 중의 제일은 사랑이라

"내가 사람의 방언과 천사의 말을 할지라도 사랑이 없으면 소리 나는 구리와 울리는 꽹과리가 되고 내가 예언하는 능력이 있어 모든 비밀과 모든 지식을 알고 또 산을 옮길 만한 모든 믿음이 있을지라도 사랑이 없으면 내가 아무 것도 아니요 내가 내게 있는 모든 것으로 구제하고 또 내 몸을 불사르게 내줄지라도 사랑이 없으면 내게 아무 유익이 없느니라 사랑은 오래 참고 사랑은 온유하며 시기하지 아니하며 사랑은 자랑하지 아니하며 교만하지 아니하며 무례히 행하지 아니하며 자기의 유익을 구하지 아니하며 성내지 아니하며 악한 것을 생각하지 아니하며 불의를 기뻐하지 아니하며 진리와 함께 기뻐하고 모든 것을 참으며 모든 것을 믿으며 모든 것을 바라며 모든 것을 견디느니라"

고린도전서 13장 1-7절

하나님께서는 사랑의 하나님이십니다. 하나님께서는 독생자 예수님을 이 땅에 보내주시고, 십자가에 달려 죽게 하심으로 우리에게 구원의 문을 열어주실 정도로 사랑이 많으신 하나님이십니다. 그러므로 우리는 하나님의 은혜와 사랑에 감사하여 우리 자신을 돌아볼 뿐 아니라, 이 사랑을 이웃과 나누고 실천하는 삶을 살아야 합니다. 오늘은 이러한 하나님의 참사랑을 고린도전서 13장을 통하여 살펴보고, 함께 하나님의 은혜를 나누기를 원합니다.

첫째로, 사랑이 없는 은사에 대해서 함께 생각해보길 원합니다.

고린도전서 13장 1-3절은 "내가 사람의 방언과 천사의 말을 할지라도 사랑이 없으면 소리 나는 구리와 울리는 꽹과리가 되고 내가 예언하는 능력이 있어 모든 비밀과 모든 지식을 알고 또 산을 옮길 만한 모든 믿음이 있을지라도 사랑이 없으면 내가 아무 것도 아니요 내가 내게 있는 모든 것으로 구제하고 또 내 몸을 불사르게 내줄지라도 사랑이 없으면 내게 아무 유익이 없느니라"라고 말씀합니다.

고린도전서는 바울이 고린도교회에 보낸 편지입니다. 고린도교회에는 성령의 각종 은사가 나타나 예언을 하고 방언을 하며 갖가지 병을 고치고 많은 기적이 일어났습니다. 이와 같이 한 분 성령님께서 다양한 은사를 통해 우리에게 역사하시는 목적은 교회에 덕을 세우고 하나님께 영광을 돌리기 위해서입니다.

그런데 고린도교회에는 은사에 치중한 나머지, 은사를 과시하거나 은사를 받지 못한 사람을 무시하는 일이 벌어지고 분파를 형성하는 등 영적인 혼란이 일어났습니다. 사도 바울은 이러한 고린도교회에 은사를 사용할 때는 사랑의 원리에 기초할 것을 권면하기 위하여 편지를 썼습니다.

본문 말씀은 예수님의 사랑으로 충만하지 않으면 성령의 어떠한 은사도 의미가 없다고 말씀하고 있습니다. 방언을 말하고 천사와 같이 말을 잘한다고 할지라도 사랑이 없다면 소리 나는 구리와 울리는 꽹과리와 같아서 남에게 아무런 유익을 끼치지 못합니다. 오직 진정한 사랑을 담고 있는 말만이 상대를 감동시키고 위로와 평안을 가져다줍니다. 우리가 많은 것을 깨닫는 지식의 은사를 갖고 또 산을 옮길만한 큰 믿음이 있다 할지라도 사랑이 없으면 하나님의 영광을 나타내지 못하고 사람들에게 아무런 유익을 끼치지 못합니다. 또한 전 재산을 내놓고 구제를 하거나 내 몸을 바쳐 선한 일을 할지라도 사랑이 없으면 그 행위는 나에게 아무런 유익이 없습니다.

우리는 예수님께서 활동하셨던 당시의 바리새인들에게서 이러한 모습을 찾아볼 수 있습니다. 그들은 많은 사람들이 지나다니는 길목에서 기도를 했습니다. 일주일에 이틀씩 금식했고 십일조를 철저히 했습니다. 또한 십계명을 다 지켜 행했습니다. 그런데 예수님께서는 그러한 바리새인들에게 외식하는 자들이라고 꾸짖으셨습니다. 사랑이 없는 행위는 아무런 열매를 맺을 수가 없기 때문입니다.

하나님의 본질은 사랑이십니다. 요한일서 4장 8절은 "하나님은 사랑이십이라"라고 말씀합니다. 또한 요한일서 4장 12절은 "어느 때나 하나님을 본 사람이 없으되 만일 우리가 서로 사랑하면 하나님이 우리 안에 거하시고 그의 사랑이 우리 안에 온전히 이루어지느니라"라고 기록하고 있습니다. 이처럼 모든 것을 사랑으로 행할 때, 하나님의 은혜가 임하게 됩니다. 모든 것을 사랑으로 행할 때, 우리가 하나님의 사랑의 증거가 되도록 하나님께서 우리를 이끌어주십니다.

초대교회는 교회 안에 가난하고 궁핍한 사람이 없었던 참된 사랑의 공동체였습니다. 하나님께 축복받은 사람들이 하나님 앞에 물질을 내놓으며 가난한 사람들의 어려움을 돌봤기 때문입니다. 사도행전 2장 44-45절은 "믿는 사람이 다 함께 있어 모든 물건을 서로 통용하고 또 재산과 소유를 팔아 각 사람의 필요를 따라 나눠주며"라고 말씀합니다. 사도행전 4장 32절은 "믿는 무리가 한마음과 한뜻이 되어 모든 물건을 서로 통용하고 자기 재물을 조금이라도 자기 것이라 하는 이가 하나도 없더라"라고 말씀합니다. 초대교회는 성령으로 충만했기 때문에 물질에 대한 탐욕이 사라졌습니다. 다시 오실 예수님을 바라보면서 예수님께서 주신 축복을 나누길 힘썼습니다.

그러므로 우리는 무엇보다 사랑을 실천해야 됩니다. 섬김의 삶을 살아야 됩니다. 모든 일을 사랑의 동기로 해야 됩니다. 말 한마디라도 따뜻한 사랑을 담아서 해야 합니다. 만나는 사람들에게 따뜻한 사랑의 미소로 대해야 합니다. 비록 사람들이 우리가 사랑으로 한 모든 행위를 기억하지 않는다 할지라도, 하나님께서는 기억하시고 하늘나라에 큰 상을 예비하시고 복을 내려주실 것입니다.

둘째로, 참사랑의 모습에 대해서 함께 생각해보길 원합니다.

고린도전서 13장 4-7절은 "사랑은 오래 참고 사랑은 온유하며 시기하지 아니하며 사랑은 자랑하지 아니하며 교만하지 아니하며 무례히 행하지 아니하며 자기의 유익을 구하지 아니하며 성내지 아니하며 악한 것을 생각하지 아니하며 불의를 기뻐하지 아니하며 진리와 함께 기뻐하고 모든 것을 참으며 모든 것을 믿으며 모든 것을 바라며 모든 것을 견디느니라"라고 말씀합니다.

우리는 여기서 참사랑의 열다섯 가지 모습을 볼 수 있습니다. 그중에 우리가 주목해야 할 것이 있는데, 그것은 참는 것과 관련된 다섯 가지, 즉 '오래 참고, 온유하며, 성내지 아니하며, 모든 것을 참고, 모든 것을 견디느니라'입니다. 여기서 참는다는 것은 자기의 감정을 잘 조절하고 다스리는 것을 말합니다. 사람들은 참지 못하고 성을 내기 때문에 실수를 하게 되고, 그로 인해 사람들에게 상처를 주게 됩니다.

위대한 지도자였던 모세 또한 화를 참지 못하고 저지른 실수 때문에 가나안에 들어가지 못했습니다. 40년 동안 광야를 배회하던 이스라엘 백성들은 가데스에 이르렀을 때 물이 없자 모세에게 불평을 했습니다. 모세는 늘 불평만 하는 그들에게 화가 났습니다. 그래서 모세는 "반석에게 명령하여 물을 내라"라고 하신 하나님의 명령 대신, 지팡이로 바위를 치는 실수를 범했습니다. 민수기 20장 10-11절은 "모세와 아론이 회중을 그 반석 앞에 모으고 모세가 그들에게 이르되 반역한 **너희여** 들으라 우리가 **너희를** 위하여 이 반석에서 물을 내랴 하고 모세가 그의 손을 들어 그의 지팡이로 반석을 두 번 치니 물이 많이 솟아나오므로 회중과 그들의 짐승이 마시니라"라고 말씀합니다.

그러나 하나님의 명령대로 행하지 않은 모세와 아론을 보시고 하나님께서는 "너희가 나를 믿지 아니하고 이스라엘 자손의 목전에서 내 거룩함을 나타내지 아니한 고로 너희는 이 회중을 내가 그들에게 준 땅으로 인도하여 들이지 못하리라"(민 20:12)라고 말씀하셨습니다. 온유함이 세상의 모든 사람보다 뛰어난 모세였지만 순간적인 화를 참지 못하고 저지른 실수로 인해 그는 그가 그토록 원했던 가나안 땅을 밟지 못했던 것입니다.

하나님께서는 오래 참으시는 분이십니다. 베드로후서 3장 9절은 "주의 약속은 어떤 이들이 더디다고 생각하는 것 같이 더딘 것이 아니라 오직 주께서는 너희를 대하여 오래 참으사 아무도 멸망하지 아니하고 다 회개하기에 이르기를 원하시느니라"라고 같이 말씀합니다. 하나님께서 오래 참지 않으셨더라면, 우리 인류 역사는 벌써 끊어졌을 것입니다. 오래 참으시는 하나님이셨기 때문에 우리가 구원받고 오늘 이 자리까지 오게 된 것입니다.

이와 같이 진정한 사랑은 오래 참는 것입니다. 어떠한 상황 속에서도 마음을 다스리고 참고 기다리는 것입니다. 하나님의 때를 기다리는 것입니다. 하나님께서는 분명히 하나님의 때에, 하나님의 일을 이루실 것입니다.

그리고 오래 참음과 더불어 행해야 되는 것이 바로 용서입니다. 사랑과 용서는 분리될 수 없습니다. 우리도 전에는 용서받을 수 없는 죄인이었습니다. 그러나 사랑의 예수님께서 우리를 위해 십자가에서 죽으시고 부활하심으로 우리는 용서받은 하나님의 자녀가 되었습니다. 그러므로 우리는 우리에게 상처를 준 사람을 용서하며 살아야 됩니다. 예수님께서 부활하신 날 저녁에 제자들에게 나타나셔서 하신 말씀 가운데 마지막 말씀도 용서에 대한 것이었습니다. 요한복음 20장 23절은 "**너희가 누구의 죄든지 사하면 사하여질 것이요 누구의 죄든지 그대로 두면 그대로 있으리라**"라고 말씀합니다.

그러므로 여러분, 상처를 마음에 품고 고통 가운데 살지 마십시오. 상처 입힌 사람들을 용서할 때 은혜가 임합니다. 어느 정도로 용서해야 됩니까? 예수님께서는 "**네게 이르노니 일곱 번뿐 아니라 일곱 번을 일흔 번까지라도 할지니라**"(마 18:22) 라고 말씀하셨습니다. 즉, 무한정 용서하라는 것입니다. 예수님께서도 우리를 무조건적으로 용서하셨기 때문입니다. 용서하지 않으면 우리는 어떤 기적도 체험할 수 없습니다. 참된 용서가 우리를 하나님의 은혜 가운데로 인도합니다.

   고린도전서 13장의 결론은 "그런즉 믿음, 소망, 사랑, 이 세 가지는 항상 있을 것인데 그 중의 제일은 사랑이라"(고전 13:13)라고 말씀합니다. 우리 모두가 사랑의 화신이 되어서 하늘나라 갈 때까지 사랑과 용서를 실천하며 살다가 예수님께서 우리를 부르시는 날, 기쁨으로 우리 예수님께 갈 수 있게 되기를 예수님의 이름으로 축원합니다.

17

우리가 무엇을 하리이까

"요한이 침례 받으러 나아오는 무리에게 이르되 독사의 자식들아 누가 너희에게 일러 장차 올 진노를 피하라 하더냐 그러므로 회개에 합당한 열매를 맺고 속으로 아브라함이 우리 조상이라 말하지 말라 내가 너희에게 이르노니 하나님이 능히 이 돌들로도 아브라함의 자손이 되게 하시리라 이미 도끼가 나무 뿌리에 놓였으니 좋은 열매 맺지 아니하는 나무마다 찍혀 불에 던져지리라 무리가 물어 이르되 그러면 우리가 무엇을 하리이까 대답하여 이르되 옷 두 벌 있는 자는 옷 없는 자에게 나눠 줄 것이요 먹을 것이 있는 자도 그렇게 할 것이니라 하고 세리들도 침례를 받고자 하여 와서 이르되 선생이여 우리는 무엇을 하리이까 하매 이르되 부과된 것 외에는 거두지 말라 하고 군인들도 물어 이르되 우리는 무엇을 하리이까 하매 이르되 사람에게서 강탈하지 말며 거짓으로 고발하지 말고 받는 급료를 족한 줄로 알라 하니라" 누가복음 3장 7-14절

사람이 태어나서 일생을 사는 동안 경험하는 것 가운데 가장 큰 기적, 가장 큰 은혜, 가장 큰 축복은 예수 믿고 구원받아 하나

님의 자녀가 되는 것입니다. 예수님을 믿음으로 우리의 신분이 바뀌었습니다. 마귀의 노예로 살다가, 축복받은 하나님의 자녀로 신분이 완전히 바뀐 것입니다. 그러므로 우리는 구원의 은혜에 늘 감사하며 살아야 합니다.

그런데 하나님께서 구원받은 우리에게 요구하시는 것이 있습니다. 그것은 회개하고 옛 사람을 내려놓는 것입니다. 오늘은 어떻게 해야 우리가 옛 사람을 내려놓고 구원받은 하나님의 자녀답게 살아갈 수 있는지 함께 생각해보고자 합니다.

첫째로, 회개해야 합니다.

누가복음 3장 3절은 "요한이 요단 강 부근 각처에 와서 죄 사함을 받게 하는 회개의 침례를 전파하니"라고 말씀합니다.

원래 침례는 이스라엘 백성들이 몸을 정결하게 할 때, 또 허물을 용서받을 때 치르던 의식입니다. 교회가 생겨난 이후에 침례는 예수님을 믿고 구원받은 사람이 받는 의식으로 바뀌었습니다. 물속에 들어갈 때는 나의 옛 사람이 죽고, 물에서 나올 때는 부활하신 예수님과 함께 내가 새롭게 변화되었다는 뜻을 가지고 있습니다.

침례 요한은 죄 가운데 살고 있는 이스라엘 사람들에게 회개하고 메시아를 맞이하라고 침례를 베풀었습니다. 문제는 그 당시 종교 지도자들입니다. 그들은 율법을 잘 지키고, 일주일에 이틀을 금식하고, 십일조 생활을 잘했던 바리새인들입니다. 또한 서기관, 성경학자들과 사두개인들도 있었습니다. 그들은 겉으로는 아무 부족함이 없는 것 같고, 하나님을 잘 섬기는 것 같았지만, 속에는 죄악과 탐욕과 교만과 온갖 악한 생각을 갖고 있었습니다. 그들은 침례 의식만을 행했지 회개하고 돌이키지 않았습니다.

침례 요한은 누가복음 3장 7-8절에서 바로 이들에게 "독사의 자식들아 누가 너희에게 일러 장차 올 진노를 피하라 하더냐 그러므로 회개에 합당한 열매를 맺고 속으로 아브라함이 우리 조상이라 말하지 말라 내가 너희에게 이르노니 하나님이 능히 이 돌들로도 아브라함의 자손이 되게 하시리라"라고 말했습니다.

회개는 자신의 죄에서 철저히 돌이키는 것입니다. 예수님께서도 공생애 사역을 시작하실 때 회개하라고 외치셨습니다. 마태복음 4장 17절은 "이 때부터 예수께서 비로소 전파하여 이르시되 회개하라 천국이 가까이 왔느니라"라고 말씀합니다. 그러므로 믿는 우리들이 옛 사람을 벗어버리기 위해서는 회개해야 합니다.

둘째로, 좋은 열매를 맺어야 합니다.

누가복음 3장 9절은 "이미 도끼가 나무 뿌리에 놓였으니 좋은 열매 맺지 아니하는 나무마다 찍혀 불에 던져지리라"라고 말씀합니다. 회개하지 않고 나쁜 열매를 맺으면, 찍어서 심판의 불에 던져버린다고 경고하고 있습니다. 그러므로 우리는 회개의 열매를 맺어야 합니다. 늘 화를 내고, 소리 지르고, 포악하게 살던 사람이 하나님의 은혜 가운데 온순한 양처럼 바뀌는 것이 바로 진정한 회개입니다.

한국교회 역사 가운데 큰 부흥의 역사가 1907년 평양에서 있었습니다. 1,500명이 넘는 많은 사람들이 평양 장대현교회에 모여 열흘 동안 부흥회를 할 때 놀라운 일이 일어났습니다. 1907년 1월 6일 저녁에 일어난 상황에 대해, 선교사님들은 다음과 같이 선교 보고를 했습니다.

"그날 밤 평양에는 성령님께서 성도들의 참회하는 울음소리와 함께 오셨다. 길선주 장로가 일어나 '나는 아간과 같은 죄인이

올시다.'라고 회개했다. 그는 친구가 죽으면서 재산을 처리해달라고 부탁했는데, 그중 1백 원을 수고비로 가졌다는 것이다. 그가 눈물로 회개하자, 회중 모두가 마룻바닥을 치며 회개했다."

가장 존경받는, 대표 장로님이 모든 사람 앞에서 회개하자 사람들이 회개하기 시작했습니다. 그 후 사람들은 집으로 돌아갔지만 얼마 지나지 않아 새벽부터 다시 교회에 나왔습니다. 그래서 새벽 일찍이 교회 문을 열게 되었는데, 이것이 바로 새벽기도의 시작입니다. 그리고 이 회개의 운동으로 맺어진 결과에 대해 해리스 선교사는 이와 같이 기록했습니다.

"수천 명이 글을 배우기 시작했고, 술주정꾼, 도박꾼, 살인자가 새사람으로 바뀌었다. 학교가 설립되고, 문맹퇴치운동이 일어나고, 병원이 설립되고, 금주·금연운동이 전개되고, 여성의 지위가 향상되고, 무속과 우상숭배에서 해방되고, 일제 식민지 정책에 대항할 민족의식이 고취되었다. 부흥 운동의 결과, '한국의 소돔'이라고 불리던 평양은 불과 15년 만에 '동방의 예루살렘'으로 변화되었다."

이렇듯 회개할 때에 합당한 열매를 맺게 됩니다. 그러므로 참된 회개를 통해서 좋은 열매를 맺는 성도 여러분이 되시기를 바랍니다.

셋째로, 사랑과 공의를 실천하며 살아야 합니다.

침례 요한이 회개하고 합당한 열매를 맺으라고 선포하자 사람들이 "우리가 무엇을 하리이까?"라고 물었습니다. 그러자 침례 요한은 "먼저 사랑을 실천하라."라고 말했습니다. 누가복음 3장 11절은 "대답하여 이르되 옷 두 벌 있는 자는 옷 없는 자에게 나눠 줄 것이요 먹을 것이 있는 자도 그렇게 할 것이니라 하고"라고 말씀합니다.

우리가 은혜를 받은 이후에는 베풀고 나누는 삶을 살아야 합니다. 잠언 19장 17절은 "가난한 자를 불쌍히 여기는 것은 야훼께 꾸어 드리는 것이니 그의 선행을 그에게 갚아 주시리라"라고 말씀합니다. 우리가 선을 베풀면, 하나님께서 우리에게 풍성한 은혜로 갚아주십니다.

또한 회개에 합당한 열매를 맺으려면, 공의를 실천하는 삶을 살아야 합니다. 누가복음 3장 12-13절은 "세리들도 침례를 받고자 하여 와서 이르되 선생이여 우리는 무엇을 하리이까 하매 이르되 부과된 것 외에는 거두지 말라 하고"라고 말씀합니다.

당시 로마 제국은 유대 민족을 통치하면서 유대 사람들을 뽑

아 세금을 걷었습니다. 그런데 이들은 세금을 걷을 때 확정된 세금보다 더 많이 걷어 일부를 착복했습니다. 그래서 당시 사람들은 이들을 도둑이나 강도와 같이 여겼습니다. 그래서 침례 요한은 이들에게 "부과된 세금 외에는 걷지 말라."라고 말한 것입니다. 즉 침례 요한은 세리들에게 그들의 삶의 자리를 바꾸라고 요구한 것이 아니라 오히려 현재 서있는 자리에서 희생과 정의를 실천하라고 말한 것입니다.

그리고 회개에 합당한 삶은 자족하는 삶을 사는 것입니다. 군인들도 침례 요한에게 와서 질문을 했습니다. 누가복음 3장 14절은 "군인들도 물어 이르되 우리는 무엇을 하리이까 하매 이르되 사람에게서 강탈하지 말며 거짓으로 고발하지 말고 받는 급료를 족한 줄로 알라 하니라"라고 말씀합니다.

당시 받는 급여가 적었던 군인들은 사람들을 협박하여 강제로 물건들을 빼앗았습니다. 그래서 침례 요한은 이들에게 현재 있는 것으로 만족하라고 말한 것입니다. 내게 있는 것으로 만족하고, 내게 있는 것으로 남을 섬기고 베풀 줄 아는 것이 참된 사랑의 모습이고 섬김의 모습입니다.

우리는 구원받은 하나님의 자녀로서 회개해야 하고 그에 합당한 열매를 맺어야 합니다. 그리고 하늘나라에 갈 때까지 베풀고 나누고 섬기며 살아가야 합니다. 그러면 하나님의 풍성한 은혜와 축복이 여러분뿐만 아니라 여러분 자자손손에 임하게 될 줄로 믿습니다. 여러분 모두가 예수님 안에서 참된 회개의 열매를 맺어 복된 삶을 살아가시기를 예수님의 이름으로 축원합니다.

18

하나님께서 사랑하시는 자

"이 때에 예수께서 갈릴리로부터 요단 강에 이르러 요한에게 침례를 받으려 하시니 요한이 말려 이르되 내가 당신에게서 침례를 받아야 할 터인데 당신이 내게로 오시나이까 예수께서 대답하여 이르시되 이제 허락하라 우리가 이와 같이 하여 모든 의를 이루는 것이 합당하니라 하시니 이에 요한이 허락하는지라 예수께서 침례를 받으시고 곧 물에서 올라오실새 하늘이 열리고 하나님의 성령이 비둘기 같이 내려 자기 위에 임하심을 보시더니 하늘로부터 소리가 있어 말씀하시되 이는 내 사랑하는 아들이요 내 기뻐하는 자라 하시니라" 마태복음 3장 13-17절

세상의 수많은 사람들이 지금도 죄와 절망 가운데 방황하며 살아가고 있습니다. 그들은 목적이나 방향도 없이 바람이 부는 대로, 물결치는 대로 살아갑니다. 그런데 놀랍게도 하나님께서 우리를 세상의 많은 사람들 가운데서 불러내어 자녀 삼아주셨습니다. 우리는 이 하나님의 은혜에 기뻐하고 감사해야 합니다. 나 같은 죄인을 구원하신 그 놀라운 은혜에 우리는 첫째도 감사, 둘

째도 감사, 마지막도 감사할 뿐입니다. 하나님께서는 그의 아들을 내어주시기까지 우리를 사랑하셨습니다.

그러므로 우리는 하나님께 사랑받는 자가 되어야 합니다. 오늘은 예수님께서 침례받으시는 장면을 통해 우리에게 주시는 몇 가지 영적 교훈을 살펴보기를 원합니다.

첫째로, 우리는 겸손과 순종의 사람이 되어야 합니다.

마태복음 3장 13-15절은 "이때에 예수께서 갈릴리로부터 요단 강에 이르러 요한에게 침례를 받으려 하시니 요한이 말려 이르되 내가 당신에게서 침례를 받아야 할 터인데 당신이 내게로 오시나이까 예수께서 대답하여 이르시되 이제 허락하라 우리가 이와 같이 하여 모든 의를 이루는 것이 합당하니라 하시니 이에 요한이 허락하는지라"라고 말씀합니다.

예수님께서 침례를 받으시기 위해 요단 강에 오셨을 때, 침례 요한은 예수님께 "제가 베푸는 침례는 회개하게 하는 침례입니다. 그러나 당신은 메시아가 아닙니까? 그러므로 제가 오히려 당신에게 침례를 받아야 합니다."라고 말했습니다. 그러자 예수님께서는 "나에게 침례를 베풀라. 이와 같이 하는 것이 의를 이루는 것이다."라고 말씀하셨습니다. 예수님께서는 헐벗고, 굶주리고, 병들고, 고통당하는 사람들을 섬기기 위해서 우리와 똑같은 인간의 모습으로 이 땅에 온 것을 보여주시려고 다른 사람과 똑같이 침례를 받으셨습니다.

예수님의 삶의 모습은 순종과 겸손 그 자체였습니다. 빌립보서 2장 6-8절은 "그는 근본 하나님의 본체시나 하나님과 동등됨을 취할 것으로 여기지 아니하시고 오히려 자기를 비워 종의 형체를 가지사 사람들과 같이 되셨고 사람의 모양으로 나타나사 자기를 낮추시고 죽기까지 복종하셨으니 곧 십자가에 죽으심이라"라고 말씀합니다. 또 마가복음 10장 45절은 "인자가 온 것은 섬김을 받으려 함이 아니라 도리어 섬기려 하고 자기 목숨을 많은 사람의 대속물로 주려 함이니라"라고 말씀합니다.

예수님께서는 죽기까지 하나님의 뜻에 복종하셨습니다. 또한 제자들에게 마지막으로 가르쳐주신 것도 섬김이었습니다. 마지막 만찬 자리에서 예수님께서는 허리에 수건을 동이고 제자들의 발을 씻기셨습니다. 요한복음 13장 14-15절은 "내가 주와 또는 선생이 되어 너희 발을 씻었으니 너희도 서로 발을 씻어주는 것이 옳으니라 내가 너희에게 행한 것 같이 너희도 행하게 하려 하여 본을 보였노라"라고 말씀합니다.

그러므로 섬긴다는 것은 남의 더러운 곳을 씻어주고 깨끗하게 해주는 것입니다. 하늘나라에서 가장 큰 자는 다른 사람들을 섬기는 겸손한 사람입니다. 우리가 하나님을 섬길 때 자신을 나타내려고 한다면 그 열심은 모두 다 헛된 것이 됩니다. 겸손한 자세로 자신을 나타내지 말고 오직 하나님을 나타내고 높여야 됩니다. 그러므로 더 많이 섬기고, 더 많이 낮아져서 모든 영광을 하나님께 올려드리는 주님의 일꾼들이 되시기를 바랍니다.

둘째로, 우리는 성령의 사람이 되어야 합니다.

마태복음 3장 16절은 "예수께서 침례를 받으시고 곧 물에서 올라오실새 하늘이 열리고 하나님의 성령이 비둘기같이 내려 자기 위에 임하심을 보시더니"라고 말씀합니다.

예수님의 일생은 성령님과 동행하는 일생이었습니다. 예수님께서는 성령으로 잉태되셨습니다. 누가복음 1장 35절은 "천사가 대답하여 이르되 성령이 네게 임하시고 지극히 높으신 이의 능력이 너를 덮으시리니 이러므로 나실 바 거룩한 이는 하나님의 아들이라 일컬어지리라"라고 말씀합니다.

또한 예수님께서 공생애를 처음 시작하실 때도 성령님께서 임하셨습니다. 마태복음 3장 16절은 "**예수께서 침례를 받으시고 곧 물에서 올라오실새 하늘이 열리고 하나님의 성령이 비둘기같이 내려 자기 위에 임하심을 보시더니**"라고 말씀합니다.

요한복음 14장, 15장, 16장은 예수님께서 마지막으로 제자들에게 전하신 말씀인데, 그때에도 성령님에 대해서 말씀하셨습니다.

요한복음 14장 16절은 "**내가 아버지께 구하겠으니 그가 또 다른 보혜사를 너희에게 주사 영원토록 너희와 함께 있게 하리니**"라고 말씀합니다.

요한복음 14장 26절은 "**보혜사 곧 아버지께서 내 이름으로 보내실 성령 그가 너희에게 모든 것을 가르치고 내가 너희에게 말한 모든 것을 생각나게 하리라**"라고 말씀합니다.

예수님께서는 성령님이 오셔서 예수님의 일을 계속하시기 때문에 우리가 성령을 받아야 된다고 말씀하셨습니다. 그러므로 우리는 일생을 살아가는 동안 성령의 사람이 되어야 합니다. 사도행전 1장 4-5절은 "**사도와 함께 모이사 그들에게 분부하여 이르시되 예루살렘을 떠나지 말고 내게서 들은바 아버지께서 약속하신 것을 기다리라 요한은 물로 침례를 베풀었으나 너희는 몇 날이**

못어 성령으로 침례를 받으리라 하셨느니라"라고 말씀합니다.

그러므로 우리에게 필요한 것은 바로 성령충만입니다. 성령충만을 받으면 하나님의 놀라운 역사가 나타납니다. 귀신이 쫓겨나가고, 병이 고침받고, 문제가 해결되고, 하나님의 기적이 나타납니다.

베드로가 성령을 받기 전에는 예수님을 세 번이나 모른다고 부인했지만, 성령을 받고 난 다음에는 그가 말씀을 전할 때 하루에 삼천 명, 오천 명이 회개하고 예수님께 돌아왔습니다.

이처럼 우리가 성령충만한 사람이 되면 능력 있는 하나님의 일꾼으로 살게 되고 복음의 증인이 됩니다. 능력 있는 신앙생활, 승리하는 신앙생활을 하고, 복음의 증인이 되기 위해서는 첫째도 성령충만, 둘째도 성령충만, 마지막도 성령충만을 받아야 합니다.

또한 성령충만을 받으면 성령의 열매를 맺게 됩니다. 갈라디아서 5장 22-23절은 "오직 성령의 열매는 사랑과 희락과 화평과 오래 참음과 자비와 양선과 충성과 온유와 절제니 이 같은 것을 금지할 법이 없느니라"라고 말씀합니다.

우리 모두가 성령충만을 받아서 열매를 풍성히 맺어 세상을 변화시키는 하나님의 귀한 일꾼들이 되기를 바랍니다.

셋째로, 우리는 하나님께서 기뻐하시는 사람이 되어야 합니다.

마태복음 3장 17절은 "하늘로부터 소리가 있어 말씀하시되 이는 내 사랑하는 아들이요 내 기뻐하는 자라 하시니라"라고 말씀합니다.

예수님께서는 하나님께서 사랑하시고 기뻐하시는 하나님의 아들이신 동시에 하나님이십니다. 이 예수님께서 세상에 인간의 몸을 입고 오셔서 구원의 문을 열어놓으시고 우리의 구원자가 되셨습니다.

이 세상에서 33년간 지내신 예수님의 일생은 한마디로 하나님께 기쁨을 드리는 일생이었습니다. 이사야 42장 1절은 "내가 붙드는 나의 종, 내 마음에 기뻐하는 자 곧 내가 택한 사람을 보라 내가 나의 영을 그에게 주었은즉 그가 이방에 정의를 베풀리라"라고 말씀합니다. 이와 같이 여러분도 이 세상을 살아가는 동안에 하나님께서 기뻐하시는 하나님의 일꾼들이 되시기를 바랍니다.

'알로에 마임'이라고 하는 기업이 있는데, 이 기업의 목표는 '하나님을 기쁘시게 사람을 기쁘게'입니다. 대표인 홍혜실 씨는 기업을 시작할 때부터 매주 예배를 드리면서 사업을 경영해나갔습니다. 주변 사람들의 비판도 있었지만 우직하게 하나님을 기쁘시게 하는 기업이 되도록 노력한 결과, 지금은 760개 지사, 3만 명의 직원을 거느린 큰 회사로 성장했습니다.

갈라디아서 1장 10절은 "이제 내가 사람들에게 좋게 하랴 하나님께 좋게 하랴 사람들에게 기쁨을 구하랴 내가 지금까지 사람들의 기쁨을 구하였다면 그리스도의 종이 아니니라"라고 말씀합니다. 하나님을 기쁘시게 하는 믿음의 사람이 될 때 하나님의 축복을 받아누릴 수 있습니다.

여러분 모두가 하나님 앞에서 겸손과 순종의 종, 성령의 사람, 하나님을 기쁘시게 하는 사람이 되어 하나님께 쓰임받는 일꾼들이 되시기를 예수님의 이름으로 축원합니다.

예화 청계천 빈민 구제 활동에 땀 흘린 일본인 목사

'청계천 빈민의 성자'로 불리는 일본인 노무라 모토유키(82, 야마나시현 베다니교회) 목사는 서울시로부터 서울시 발전에 기여한 외국인들에게 주는 명예시민증을 받았다.

1968년에 한국에 온 그는 가난과 질병으로 속절없이 죽어가는 빈민들의 참상을 목격하고 큰 충격을 받고 빈민구제 및 선교에 뛰어들었다. 그가 처음 방문한 곳은 청계천 판자촌의 한 무너져가는 집이었다. 캄캄해서 아무것도 보이지 않는 좁은 방 가운데 한 소녀가 누워있었다. 옆구리와 무릎에 드러난 하얀 뼈에 파리 떼가 새카맣게 달라붙어 있었다. 파리가 소녀의 다리에 알을 낳아 구더기가 생기고, 그 구더기가 살을 파먹고 있는 끔찍한 몰골이었다. 보고 있을 수만은 없어 손에 침을 바르고 구더기를 잡아내기 시작했다. 자꾸만 구더기가 소녀의 살 속으로 파고들었고 결국 소녀는 두 달 뒤 숨을 거두었다. 그리고 소녀의 죽음은 그의 삶을 뒤바꿔놓았다.

그는 해외에서 모금활동을 해 20여 년간 2,000여 명의 국내 빈민 아동들의 주린 배를 채워줬고, 도쿄 집을 팔아 청계천에 탁아소를 지었고, 간척지로 옮겨간 철거민을 위해 뉴질랜드 종자 소 600마리를 사오기도 했다. 80년대까지 50여 차례 오고가며 한국으로 부친 돈이 7500만엔, 8억원이 넘는다고 한다. 그러나 정작 그는 야마나시현 산골에서 가정 교회를 꾸리고 기증받은 헌옷을 입으며 검소한 삶을 살고 있다. 죽어서 한국에 묻히기를 소원한다는 그는 이렇게 고백한다.

"그 죽어가는 소녀의 눈망울을 통해 예수님이 말씀하시고자 하는 게 무엇인지 조금씩 알게 됐습니다. 청계천 빈민들은 하나님께서 저를 위해 보내신 성경 교사들이었습니다. 지옥과 같은 그곳에도 예수님의 십자가가 있고, 희망이 있고, 오순도순 서로 돕고 살아가는 정이 있었습니다. 그곳이야말로 제게는 가장 훌륭한 천국의 모형이었습니다. 큰소리로 외치지 않아도 그들은 예수님의 사랑을 듣고 보고 알게 됐습니다. 앞으로도 한국인을 위해 이 섬김과 나눔을 계속할 것입니다."

7

작은 예수가 되는 길

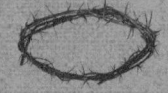

개인적 성화의 영성

19 _ 깨어짐의 축복

20 _ 영원히 함께하시는 하나님

21 _ 택하심을 받은 자

19

깨어짐의 축복

"밤에 일어나 두 아내와 두 여종과 열한 아들을 인도하여 얍복 나루를 건널새 그들을 인도하여 시내를 건너가게 하며 그의 소유도 건너가게 하고 야곱은 홀로 남았더니 어떤 사람이 날이 새도록 야곱과 씨름하다가 자기가 야곱을 이기지 못함을 보고 그가 야곱의 허벅지 관절을 치매 야곱의 허벅지 관절이 그 사람과 씨름할 때에 어긋났더라 그가 이르되 날이 새려하니 나로 가게 하라 야곱이 이르되 당신이 내게 축복하지 아니하면 가게 하지 아니하겠나이다 그 사람이 그에게 이르되 네 이름이 무엇이냐 그가 이르되 야곱이니이다 그가 이르되 네 이름을 다시는 야곱이라 부를 것이 아니요 이스라엘이라 부를 것이니 이는 네가 하나님과 및 사람들과 겨루어 이겼음이니라" 창세기 32장 22-28절

이 세상에서 복을 받는 것을 싫어하는 사람은 한 사람도 없을 것입니다. 한 중국 유학생은 정초에 복이 쏟아지라고 빨간 종이에 '福(복)'자를 거꾸로 붙여놓기도 했습니다. 그러나 글자가 복을 주는 것은 아닙니다. 복은 만복의 근원이신 하나님께로부터 옵

니다.

하나님께서 주신 축복 가운데 특별히 우리를 영적으로 성장시켜주는 복이 있는데, 그것은 바로 '깨어짐의 축복'입니다. 야곱은 이 깨어짐의 축복을 통해서 큰 복을 받았습니다. 오늘은 야곱이 깨어지는 과정을 살펴봄으로써 함께 은혜를 나누고자 합니다.

첫째로, 홀로 남은 야곱에 대해서 말씀드리겠습니다.

창세기 32장 21-23절은 "그 예물은 그에 앞서 보내고 그는 무리 가운데서 밤을 지내다가 밤에 일어나 두 아내와 두 여종과 열한 아들을 인도하여 얍복 나루를 건널새 그들을 인도하여 시내를 건너가게 하며 그의 소유도 건너가게 하고"라고 말씀합니다.

야곱은 아버지를 속여 형이 받을 장자의 축복을 가로챘습니다. 형 에서가 이 사실을 알고 그를 죽이려 하자, 야곱은 생명의 위협을 느끼고 형을 피해 외삼촌이 있는 하란으로 도망갔습니다. 그곳에서 그는 20년간 말할 수 없이 고생을 했지만, 하나님의 은혜로 큰 부자가 되어 고향으로 돌아오게 되었습니다.

그러나 에서가 군사 400명을 거느리고 온다는 소식을 듣고,

야곱은 심히 두려웠습니다. 그래서 형의 마음을 풀기 위해 급히 종들에게 분부하여 형에게 선물을 보냈습니다. 창세기 32장 20절은 "또 너희는 말하기를 주의 종 야곱이 우리 뒤에 있다 하라 하니 이는 야곱이 말하기를 내가 내 앞에 보내는 예물로 형의 감정을 푼 후에 대면하면 형이 혹시 나를 받아 주리라 함이었더라"라고 말씀합니다. 야곱은 형에게 선물을 보낸 다음, 자신의 모든 소유와 가족들을 얍복 강 건너로 보내고, 홀로 얍복 나루에 남았습니다. 혹시라도 형의 마음이 풀리지 않아 가족을 해치면 혼자 달아나려고 했던 것입니다. 혼자 남아있는 야곱은 한없는 절망감과 두려움 가운데 밤을 지새우고 있었습니다. 그런데 그때 하나님께서 그에게 찾아오셨습니다.

오늘날도 야곱처럼 자아가 강하고 고집이 세서 가정에서나 사회에서 문제를 일으키는 사람들이 많이 있습니다. 이런 사람들은 주위에 피해를 줄 뿐 아니라 자신도 기쁨과 평안을 누리지 못합니다. 문제가 나한테 있기 때문에, 내가 깨어지지 않는 한 내 삶과 내 주위에는 어떠한 변화도 일어나지 않습니다. 내가 깨어지고 죽어야 하나님께서 우리를 통해 일하실 수 있습니다. 내가 깨어져야 우리의 삶 가운데 기적이 일어나는 것입니다.

둘째로, 하나님과 씨름한 야곱에 대해서 말씀드리겠습니다.

창세기 32장 24절은 "야곱은 홀로 남았더니 어떤 사람이 날이 새도록 야곱과 씨름하다가"라고 말씀합니다. 홀로 남았다는 것은 주님 외에는 도움을 청할 길이 없다는 것을 의미합니다. 사람도 떠나고, 명예도 떠나고, 권세도 떠나고, 나 혼자 남았을 때 예수님께서 찾아오십니다.

요한복음 16장 32절은 "보라 너희가 다 각각 제 곳으로 흩어지고 나를 혼자 둘 때가 오나니 벌써 왔도다 그러나 내가 혼자 있는 것이 아니라 아버지께서 나와 함께 계시느니라"라고 말씀합니다.

우리가 인생을 살다보면 나 혼자라고 느낄 때가 있습니다. 그런데 그때가 바로 예수님을 만나 은혜를 체험할 때입니다. 그때가 바로 내가 깨어질 때입니다. 그때가 바로 내가 새사람이 되는 기적을 체험할 때입니다. 절대로 혼자 버림받았다고 생각하지 말고, 홀로 남았을 때, 절망에 처했을 때, 능력의 예수님, 사랑의 예수님, 치료의 예수님을 만나시기 바랍니다.

하나님께서는 홀로 있는 야곱을 깨뜨리기 위해서 오셨습니다. 야곱은 밤이 새도록 하나님과 씨름을 했습니다. 이는 응답이

올 때까지 예수님을 붙잡고 부르짖어 기도하는 것과 같습니다. 이처럼 우리가 절망스러울 때, 슬픔에 빠졌을 때, 태산 같은 문제를 만났을 때 엎드려 기도하면 하나님께서 그 기도를 들으시고 응답해주십니다.

엘리야는 3년 반 동안 비가 오지 않았을 때 갈멜 산에 올라가 얼굴을 무릎 사이에 넣고 하나님의 응답이 올 때까지 일곱 번을 기도했습니다. 그가 일곱 번째 기도했을 때 마침내 손바닥만 한 작은 구름이 일어나더니 곧 비가 쏟아졌습니다. 이와 같이 우리도 끝까지 기도하면, 하나님께서 응답해주십니다. 아내의 끈질긴 기도로 남편이 변화되고, 자녀가 변화되며, 가정에 복이 임합니다. 남편의 간절한 기도로 부모님이 변화되고, 아내가 변화되고, 자녀가 변화됩니다. 가정에 기도하는 사람이 한 사람만 있으면, 그 사람으로 인해 온 가정이 살게 됩니다.

그러므로 야곱처럼 하나님을 놓지 말고, 매달리며, 간절히 부르짖어 기도하십시오. 시편 50편 15절은 "**환난 날에 나를 부르라 내가 너를 건지리니 네가 나를 영화롭게 하리로다**"라고 말씀합니다. 고난은 축복으로 가는 과정에 불과할 뿐입니다. 그러므로 고난의 때에 뒤로 물러가지 마십시오. 오히려 고난을 딛고 일어나서 하나님의 큰 축복을 체험하시기 바랍니다.

야곱이 끈질기게 매달리자, 하나님께서는 그를 깨뜨리셨습니다. 창세기 32장 25절은 "자기가 야곱을 이기지 못함을 보고 그가 야곱의 허벅지 관절을 치매 야곱의 허벅지 관절이 그 사람과 씨름할 때에 어긋났더라"라고 말씀합니다.

이와 같이 우리는 주님 앞에서 깨어져야 합니다. 우리의 고집이, 우리의 교만이 깨어져야 합니다. 그 깨어지는 과정을 통하여 우리의 믿음이 자라게 되고 더 깊은 하나님의 은혜 가운데로 들어가게 되기 때문입니다.

셋째로, 이름이 바뀐 야곱에 대해서 나누길 원합니다.

창세기 32장 26-28절은 "그가 이르되 날이 새려 하니 나로 가게 하라 야곱이 이르되 당신이 내게 축복하지 아니하면 가게 하지 아니하겠나이다 그 사람이 그에게 이르되 네 이름이 무엇이냐 그가 이르되 야곱이니이다 그가 이르되 네 이름을 다시는 야곱이라 부를 것이 아니요 이스라엘이라 부를 것이니 이는 네가 하나님과 및 사람들과 겨루어 이겼음이니라"라고 말씀합니다.

하나님께서는 야곱의 이름을 이스라엘로 바꿔주셨습니다.

'남의 것을 빼앗았다'는 의미인 야곱에서 '하나님과 겨루어 이겼다'는 의미인 이스라엘로 바꾸어주신 것입니다. 이름이 바뀌었다는 것은 그의 삶이 변화된 것을 의미합니다. 야곱은 사기꾼에서 하나님께서 다스리시고 사용하시는 이스라엘로 변화되었습니다.

창세기 32장 31절은 "그가 브니엘을 지날 때에 해가 돋았고 그의 허벅다리로 말미암아 절었더라"라고 말씀합니다. 야곱은 이스라엘로 바꾸어지면서 새사람이 되었습니다. 그러자 절망의 밤이 지나고 희망의 새벽을 맞게 되었습니다. 야곱은 헝클어진 머리에 찢어진 옷차림으로 다리를 절뚝이며 에서에게 나아갔습니다. 에서는 야곱을 죽이려고 군사를 이끌고 왔다가 그 모습을 보는 순간 야곱에 대해 20년간 품어왔던 원한과 미운 마음이 한순간에 사라졌습니다. 도리어 불쌍한 마음이 들어 야곱을 용서하고 환대했습니다. 창세기 33장 4절은 "에서가 달려와서 그를 맞이하여 안고 목을 어긋맞추어 그와 입 맞추고 서로 우니라"라고 말씀합니다.

우리에게도 말할 수 없는 슬픔과 고통과 연단이 다가올 때가 있습니다. 그때 절망하지 마십시오. 그때가 바로 하나님께서 여러분을 야곱에서 이스라엘로 바꿔주실 때라는 것을 잊지 마시기 바랍니다. 여러분이 지금 어떤 어려운 상태에 있다 할지라도 여러분의 마음속에 예수님께서 와계시기만 하면, 여러분은 더 이상 야곱이 아니라 이스라엘입니다. 하나님께서 다스리시고 사용하시는 하나님의 일꾼인 것입니다. 하나님의 축복이 여러분과 함께하고 있는 것입니다.

지금 얍복 나루에서 긴 밤을 지내고 계신 분이 있습니까? 하나님 앞에 엎드려 눈물로 기도하고, 주님의 옷자락을 꽉 잡고 놓지 마십시오. 하나님께서 여러분을 변화시켜주시고, 여러분의 삶을 절망에서 희망으로, 슬픔에서 기쁨으로, 저주에서 축복으로 바꾸어주실 것입니다. 여러분 모두가 야곱이 이스라엘로 변화되는 축복을 체험하게 되시기를 예수님의 이름으로 축원합니다.

20

영원히 함께하시는 하나님

"내 평생에 선하심과 인자하심이 반드시 나를 따르리니 내가 야훼의 집에 영원히 살리로다" 시편 23편 6절

모든 일에는 시작과 끝이 있습니다. 우리의 인생에도 언젠가는 끝이 다가옵니다. 이 세상의 사람들은 모두 인생의 끝인 죽음에 대한 두려움을 가지고 살아갑니다. 그러나 예수님을 믿는 사람은 예수님을 믿는 그 순간에 하나님께서 주시는 영원한 생명을 얻기 때문에 죽음을 두려워하지 않습니다. 하나님께서 부르시면 우리는 예비된 새 하늘과 새 땅에 들어가 영생을 누리며 살게 됩니다.

실낙원의 저자인 존 밀턴은 "죽음은 영원한 세계를 여는 열쇠다."라고 말했습니다. 예수님을 믿는 사람에게는 죽음이 결코 인

생의 끝이 아닙니다. 예수님을 믿지 않는 사람들에게는 죽음이 영원한 형벌을 받고 지옥으로 가는 길이지만, 예수님을 믿는 우리에게는 영원한 축복의 세계에서의 새로운 시작입니다. 그렇다면 이와 같이 영원한 생명을 소유한 우리가, 이 세상에서도 영생을 맛보며 하나님 안에서 축복된 삶을 살려면 어떠한 믿음이 필요할까요?

첫째로, 우리와 항상 함께하시는 하나님에 대해 말씀드리기 원합니다.

오늘 본문 말씀 23편 6절은 '내 평생에'라는 말씀으로 시작합니다. 하나님께서는 우리의 평생 동안 우리와 함께하시고, 우리의 삶을 돌봐주시며, 은혜를 베풀어주십니다. 하나님께서는 우리의 목자시고, 우리는 그의 양이기 때문입니다.

목자는 언제나 양과 함께 있습니다. 양은 목자로 인해 행복을 얻습니다. 목자는 양을 결코 떠나지 않습니다. 양의 일생 동안 늘 함께하며, 돌봐주고, 지켜주고, 필요한 것을 채워주고, 사랑을 베풀어줍니다.

목자는 양들을 푸른 풀밭으로 인도하여 마음껏 양식을 먹게 하고, 쉴만한 물가로 인도해서 물을 마시고 쉬게 합니다. 사나운 짐승이 양들에게 다가오면 목자는 그 사나운 짐승을 쳐서 양들을 지켜줍니다. 또 양들로 하여금 독초가 있는 곳에는 가지 않도록 도와주고, 해충이 양들에게 달라붙으면 기름을 발라서 해충을 막아줍니다. 따라서 양들은 목자와 함께하면 언제나 참된 만족과 기쁨을 얻게 됩니다.

다윗은 그의 삶 속에서 수많은 어려움과 문제를 만났습니다. 그럼에도 불구하고 다윗이 그 많은 시련을 극복하고 승리할 수 있었던 비결은 하나님의 함께하심입니다. 다윗은 시편 23편 4절에서 "주께서 나와 함께하심이라"라고 고백했습니다. 그가 살아온 모든 날 가운데 매 순간 하나님께서 함께하셨다는 것입니다.

이스라엘 백성이 출애굽하여 사십 년 동안 광야 길을 갈 때 하나님께서 함께하셨습니다. 낮에는 구름기둥으로, 밤에는 불기둥으로 이스라엘 백성을 인도해주셨고, 또 매일 만나를 내려주시고 메추라기를 보내주셔서 사십 년을 하루처럼 부족함이 없이 살게 해주셨습니다.

마찬가지로 하나님께서는 광야 길을 사는 우리와 함께하시고 크신 은혜를 넘치게 채워주셔서 모든 것이 부족함이 없게 만들어주십니다. 예수님을 믿고 구원받은 우리의 영혼이 잘됨같이, 범사가 잘되며, 강건하게 되는 은혜와 축복을 허락해주십니다. 예수님의 십자가 밑에서 흘러나오는 생수를 통하여 우리 영혼을 새롭게 하여주시고, 성령을 충만하게 부어주셔서 세상에서 날마다 승리하도록 도와주십니다. 그리고 장차 우리를 영생 천국으로 인도해주십니다.

여러분, 여러분은 결코 혼자가 아닙니다. 하나님께서 여러분과 함께하고 계십니다. 때때로 너무나 힘들고 어려운 일이 다가오면 세상에 나 혼자인 것 같고, 절망이 깊어져서 '이제 난 끝났구나! 이와 같이 살아서 뭐하나!' 하는 생각이 들 때가 있습니다. 그러나 그 순간에도 사랑의 하나님께서 여러분과 함께하고 계심을 기억하시기 바랍니다.

둘째로, 우리에게 선하심과 인자하심을 베푸시는 하나님에 대해 말씀드리기 원합니다.

시편 23편 6절은 "선하심과 인자하심이 반드시 나를 따르리니"라고 말씀합니다. 하나님께서는 언제나 우리에게 선하심과 인자하심을 베풀어주십니다.

　여기서 '선하다'라는 말은 창세기 1장에 "**하나님이 보시기에 좋았더라**"라고 말씀하실 때의 '좋았다'와 같은 단어입니다. 언제나 우리에게 좋은 것을 주시는 하나님께서는 우리와 항상 동행하시며 좋은 일이 넘쳐나게 해주십니다. 이것이 바로 선하신 하나님의 역사입니다.

　그리고 '인자하심'이라고 하는 것은 택한 자들에게 향하신 하나님의 사랑을 말합니다. 조건 없는 사랑, 변함없는 사랑, 긍휼히 여기시는 사랑을 의미합니다. 하나님께서는 날마다 우리의 삶을 좋게 해주실 뿐만 아니라, 우리를 긍휼히 여기시고 넘치는 사랑으로 채워주십니다.

　이러한 하나님의 선하심과 인자하심이 우리의 평생에 함께합니다. 마치 우리가 태양을 바라보고 가면 우리 뒤에 그림자가 항상 따라오듯이, 하나님을 바라보고 사는 우리에게는 하나님의 선하심과 인자하심이 반드시 따라오는 것입니다. 하나님의 선하심과 인자하심은 우리에게서 분리될 수가 없습니다.

　제2차 세계대전 당시 나치 수용소에서 살아남은 후 전 세계를 다니며 용서의 복음을 전한 코리 텐 붐 여사가 있습니다. 코리 텐 붐 여사는 신앙 간증을 하러 다닐 때 자수로 뜬 수건을 가지고 다

넜습니다. 그녀는 간증을 마칠 즈음에 수건을 사람들 앞에 꺼내 놓고, 예쁜 그림이 수놓아져 있는 앞면과, 실들이 여기저기 꼬여 있고 헝클어져있는 뒷면을, 차례로 보여주었습니다. 우리 삶이 엉망진창인 것 같고, 매사가 꼬여있는 것 같아도, 하나님께서는 그 모든 일들을 통해, 우리의 인생에 아름다운 수를 놓고 계시다는 것을 말해주고 싶었던 것입니다.

로마서 8장 28절은 "우리가 알거니와 하나님을 사랑하는 자 곧 그의 뜻대로 부르심을 입은 자들에게는 모든 것이 합력하여 선을 이루느니라"라고 말씀합니다. 우리 삶의 모든 것이 합력하여 선을 이루게 됩니다. 좋았던 일, 나빴던 일, 기뻤던 일, 슬펐던 일이 다 합쳐져서 하나님께서 보시기에 좋게 됩니다. 하나님께서는 항상 인자하심과 선하심으로 우리를 돌보시며, 우리 삶의 모든 순간이 합력하여 선을 이루도록 역사하고 계신다는 사실을 반드시 기억하시기 바랍니다.

셋째로, 천국을 예비하고 계신 하나님에 대해 말씀드리기 원합니다.

시편 23편 6절은 "내가 야훼의 집에 영원히 살리로다"라고 말씀합니다. 다윗은 세상에서 많은 고난과 환난을 겪었지만, 아름다운 천국, 하나님의 집에서 영원히 살 것을 바라보며 모든 어려움을 이겨냈습니다.

우리가 이 세상의 삶을 마치고 영원한 저 천국에 올라가면 하나님 안에서 진정한 기쁨과 평안함을 누리게 됩니다. 눈물과 근심이 없는 그곳에서 하나님과 함께 영원히 거하게 됩니다. 그러므로 우리는 언제나 하나님께서 예비하신 천국을 바라보는 삶을 살아야 합니다. 천국을 바라보고 살면, 이 세상에서의 모든 걱정, 근심, 문제와 어려움은 곧 지나가게 될 것임을 깨닫게 됩니다.

고린도후서 5장 1절에서 바울은 "만일 땅에 있는 우리의 장막 집이 무너지면 하나님께서 지으신 집 곧 손으로 지은 것이 아니요 하늘에 있는 영원한 집이 우리에게 있는 줄 아느니라"라고 말했습니다. 바울은 하늘에 있는 영원한 집을 사모하며 살았기 때문에 많은 고난과 핍박을 받으면서도, 결코 좌절하거나 낙심하지 않고 예수님을 위해 충성을 다할 수 있었습니다.

시편 기자는 시편 90편 10절에서 인생의 허무함에 대해 "우리의 연수가 칠십이요 강건하면 팔십이라도 그 연수의 자랑은 수고와 슬픔뿐이요 신속히 가니 우리가 날아가나이다"라고 말했습니다. 이 세상에서의 삶은 안개와 같고, 쏜살같이 지나갑니다. 이러한 잠깐 스쳐 지나가는 나그네 길을 걱정하고, 원망하고, 불평하고, 얽매여 살 필요가 없습니다. 요한계시록 21장 3-4절은 "내가 들으니 보좌에서 큰 음성이 나서 이르되 보라 하나님의 장막이 사람들과 함께 있으매 하나님이 그들과 함께 계시리니 그들은 하나님의 백성이 되고 하나님은 친히 그들과 함께 계셔서 모든 눈물을 그 눈에서 닦아 주시니 다시는 사망이 없고 애통하는 것이나 곡하는 것이나 아픈 것이 다시 있지 아니하리니 처음 것들이 다 지나갔음이러라"라고 말씀합니다.

아픔도, 슬픔도, 고통도, 탄식도 없는 저 천국을 바라보며 사시기 바랍니다. 우리는 하늘에 있는 영원한 집을 바라보고 믿음의 삶을 살아야 됩니다. 하나님을 기쁘시게 하는 삶을 사시기 바랍니다. 할 수 있는 대로 많은 사람들에게 예수님의 사랑을 베푸는 삶을 사시기 바랍니다.

지금까지 자신을 위해 살았다면 이제부터는 여러분의 남은 삶을 하나님을 위해 사시기를 바랍니다. 언제나 여러분과 함께 하시며 좋은 것을 주시는 하나님을 바라보고, 서로 사랑하고, 용서하고, 이해하며 사시기 바랍니다. 그러면 하나님께서 예비하신 천국을 오늘 여러분의 삶에서 누리게 되는, 참으로 복된 삶을 살게 될 것입니다.

21

택하심을 받은 자

"예수 그리스도의 사도 베드로는 본도, 갈라디아, 갑바도기아, 아시아와 비두니아에 흩어진 나그네 곧 하나님 아버지의 미리 아심을 따라 성령이 거룩하게 하심으로 순종함과 예수 그리스도의 피 뿌림을 얻기 위하여 택하심을 받은 자들에게 편지하노니 은혜와 평강이 너희에게 더욱 많을지어다" 베드로전서 1장 1-2절

베드로전서는 '소망의 서신'이라고 불립니다. 베드로 사도는 로마 제국의 박해로 극심한 고난을 겪고 있는 성도들을 위로하고, 그들에게 소망을 주기 위해 베드로전서를 썼습니다. 당시 성도들은 '그리스도인'으로 불리는 것이 곧 순교를 의미할 정도로 박해가 심한 시대를 살고 있었습니다. 그럼에도 불구하고 그들은 믿음을 포기하지 않고, 복음을 위해 헌신하는 삶을 살았습니다.

그들은 어떻게 로마 제국의 극심한 박해 속에서도 믿음을 지

킬 수 있었을까요? 그것은 바로 그들에게 '하나님의 택하심을 받은 자'라는 확신이 있었기 때문입니다. 세상에서는 고난을 당하고 문제와 어려움을 셀 수 없이 만났지만, 그들은 하나님의 택하심을 받고 하늘나라의 시민권을 받았다는 확신을 가지고 있었습니다. 그 확신이 있었기 때문에, 낙심하고 좌절하지 않고, 믿음의 전진을 해나갈 수 있었던 것입니다. 오늘은 우리도 그들처럼 하나님의 택하심에 합당한 모습으로 믿음의 전진을 해 나가려면 어떻게 해야 하는지 알아보기 원합니다.

첫째로, 우리의 나그네 인생에 대해 말씀드리기 원합니다.

베드로전서 1장 1절을 보면 사도 베드로는 박해를 피해 '본도, 갈라디아, 갑바도기아, 아시아와 비두니아에 흩어진 성도들'을 '나그네'라고 부르고 있습니다. 그렇습니다. 우리는 모두 나그네입니다. 왜냐하면 이 세상은 우리가 영원히 살 본향이 아니기 때문입니다.

예수님께서도 이 땅에 오셔서 나그네 삶을 사셨습니다. 만왕의 왕, 만주의 주가 되신 예수님께서 왕궁이나 호화로운 집이 아닌, 베들레헴의 어느 마구간에서 태어나신 것입니다. 크리스마스카드에는 아름답게 그려져있지만, 실제로 그곳은 냄새나고 더러운 마구간이었습니다. 그리고 예수님께서는 이 땅에 사시는 동안 좋은 집에서 편하게 지내신 적이 없었습니다. 예수님께서는 누가복음 9장 58절에서 "여우도 굴이 있고 공중의 새도 집이 있으되 인자는 머리 둘 곳이 없도다"라고 말씀하셨습니다. 십자가에 달려서 돌아가실 때도, 벌거벗어진 채 피투성이가 되어서 참혹한 죽음을 맞이하셨습니다. 죽으시고 난 후에도, 다른 사람의 무덤에 잠시 머무셨다가 부활하셨습니다. 철저하게 나그네의 삶을 살고 가신 것입니다.

야곱은 애굽의 총리가 된 요셉을 만난 후, 바로 왕 앞에 나아가 "내 나그네 길의 세월이 백삼십 년이니이다 내 나이가 얼마 못되니 우리 조상의 나그네 길의 연조에 미치지 못하나 험악한 세월을 보내었나이다"(창 47:9)라고 말했습니다. 모세는 그가 남긴 시편 90편 10절에서 "우리의 연수가 칠십이요 강건하면 팔십이라도 그 연수의 자랑은 수고와 슬픔뿐이요 신속히 가니 우리가 날아가나이다"라고 말했습니다. 믿음의 선배들도 이 세상에서 나그네 인생을 살았고, 그 나그네 인생이 쏜살같이 빠르게 지나갔다고 말하고 있습니다.

그런데 이러한 나그네 인생을 사는 우리에게 누가 참된 만족과 기쁨, 행복을 줄 수 있습니까? 우리가 나그네 길을 가면서 겪는 아픔과 슬픔, 눈물과 상처를 누가 이해하고, 위로해주며, 치료해줄 수 있습니까? 이 땅에서 우리와 같은 나그네 인생을 사셨으며, 우리의 구원자가 되어주신 예수님밖에 없습니다. 우리를 결코 떠나지 아니하시고, 언제나 우리와 동행하시는 예수님만이 우리의 모든 아픔과 슬픔, 눈물과 상처를 아십니다. 예수님만이 우리에게 참된 위로자가 되시며 치료자가 되십니다. 그러므로 우리의 나그네 인생에 좋은 친구가 되어주시는 예수님을 의지하면서, 날마다 저 천국 본향을 사모하며 살아가시기를 바랍니다.

둘째로, 하나님의 역사에 대해 말씀드리기 원합니다.

베드로전서 1장 2절은 "곧 하나님 아버지의 미리 아심을 따라 성령이 거룩하게 하심으로"라고 말씀합니다. 우리의 일생을 주관하시는 분은 하나님이십니다. 그런데 참으로 놀라운 것은 하나님께서 우리를 미리 아셨다는 것입니다. 하나님께서는 우리가 태어나기 전부터, 창세전부터 우리를 알고 계셨습니다.

에베소서 1장 4-5절은 "곧 **창세전에 그리스도 안에서 우리를 택하사 우리로 사랑 안에서 그 앞에 거룩하고 흠이 없게 하시려고 그 기쁘신 뜻대로 우리를 예정하사 예수 그리스도로 말미암아 자기의 아들들이 되게 하셨으니**"라고 말씀합니다. 하나님께서는 창세전에 우리를 택하셔서 예수 그리스도로 말미암아 하나님의 자녀가 되게 해주셨습니다.

예수님께서는 요한복음 15장 16절에서 "**너희가 나를 택한 것이 아니요 내가 너희를 택하여 세웠나니**"라고 말씀하셨습니다. 우리가 예수님을 믿고 하나님의 자녀가 된 것은 우리의 힘과 선택으로 된 것이 아닙니다. 하나님께서 먼저 우리를 택하시고, 불러주셨습니다. 그러므로 우리가 외롭고, 힘들고, 괴로운 나그네 길을 가고 있을지라도 나를 미리 아시고 택해주신 하나님께 늘 감사하며 하나님을 의지하고 살면, 이 세상에서 겪는 모든 어려움을 이겨낼 수가 있습니다.

또한 하나님께서는 우리를 성령으로 거룩하게 하셨습니다. 하나님께서는 택하신 우리를 거룩하게 하시기 위해서 성령을 우리에게 주십니다. '거룩'이란 '분리되다'라는 뜻입니다. 세상의 죄악에서 분리되고, 옛 사람에서 분리되는 것이 바로 '거룩'입니다.

그러므로 성령님께서는 우리 안에 오셔서 죄를 멀리하게 하시고, 옛 사람을 버리게 하시고, 성령의 열매를 맺게 하십니다.

데살로니가전서 4장 3절은 "**하나님의 뜻은 이것이니 너희의 거룩함이라**"라고 말씀합니다. 또한 베드로전서 1장 15절은 "**오직 너희를 부르신 거룩한 이처럼 너희도 모든 행실에 거룩한 자가 되라**"라고 말씀합니다. 우리가 거룩하게 되는 것은 하나님의 뜻이며, 우리는 거룩하신 하나님의 택함받은 사람답게 거룩한 삶을 살아야 합니다.

미국 복음주의적 영성센터의 설립자인 게리 토마스는 그의 책 『거룩이 능력이다』에서 "거룩이란, 하지 않아야 할 일들의 목록을 만드는 것이 아니라 넘치도록 쏟아지는 성령의 물벼락에 흠뻑 잠겨 열정적으로 그리스도를 닮아가는 일이다."라고 말했습니다. 거룩의 궁극적인 목적은 예수님을 닮는 것입니다. 이 세상에서 작은 예수가 되어 세상의 빛과 소금이 되는 것입니다.

셋째로, 믿음의 전진에 대해 말씀드리기 원합니다.

베드로전서 1장 2절은 "순종함과 예수 그리스도의 피 뿌림을 얻기 위하여 택하심을 받은 자들에게"라고 말씀합니다. 우리가 하나님의 택하심을 받은 자들로서 굳건한 믿음의 전진을 하려면 무엇보다도 예수님께 순종하는 삶을 살아야 합니다.

히브리서 5장 8절과 9절은 "그가 아들이시면서도 받으신 고난으로 순종함을 배워서 온전하게 되셨은즉 자기에게 순종하는 모든 자에게 영원한 구원의 근원이 되시고"라고 말씀합니다. 예수님께서는 하나님 아버지의 뜻에 순종함으로 우리의 구원을 이루셨고, 예수님께 순종하는 모든 사람에게 구원의 근원이 되어주십니다. 예수님께 순종하면 질병이 떠나가고, 문제가 떠나가고, 슬픔이 변하여 기쁨이 되고, 상처가 변하여 축복의 면류관이 됩니다.

또한 하나님의 택하심을 받은 우리는 날마다 예수 그리스도의 보혈의 능력을 의지해야 합니다. 보혈의 능력이 우리로 하여금 죄를 이기게 만들고, 세상을 이기게 만들고, 성령충만의 길로 가게 만들어주기 때문입니다.

뿐만 아니라 우리가 예수님의 보혈의 능력을 의지할 때, 악한 원수 마귀와 싸워 이길 수 있습니다. 요한계시록 12장 11절은 "우리 형제들이 어린양의 피와 자기들이 증언하는 말씀으로써 그를 이겼으니 그들은 죽기까지 자기들의 생명을 아끼지 아니하였도다"라고 말씀합니다. 보혈의 능력만이 우리를 영적 전쟁에서 승리의 길로 인도한다는 것을 꼭 기억하시기 바랍니다.

감리교 목사인 루이스 하트소우 목사님은 열심히 목회를 했지만 심령이 메말라있었습니다. 그러던 어느 날 부흥회를 인도하다가 목사님 자신이 예수님께서 흘리신 보혈의 은혜와 능력을 깊이 체험하게 되었습니다. 목사님은 그때의 감격과 감동을 이와 같이 기록했습니다. "'갈보리에서 흐르는 고귀한 보혈로 죄를 씻으라.'라고 부르시는 주님의 음성을 듣습니다. 나약하고 추하지만, 주께서 내게 힘을 보증하시고, 내 추함을 씻으시어, 흠 없고 순전하게 하십니다." 이 고백이 찬송가 254장 '내 주의 보혈은'의 가사입니다. 예수님의 보혈의 능력을 체험하십시오. 여러분의 심령이 새로워지고, 여러분의 삶에 놀라운 변화가 찾아올 것입니다.

나그네 인생을 사는 우리의 소망은 우리에게 구원을 베푸시는 오직 한 분 예수님만을 바라보며, 우리가 영원히 살게 될 본향, 저 천국을 바라며 사는 것입니다. 문제를 만났다고, 고난을 겪고 있다고 낙심하거나 좌절하지 마십시오. 우리를 미리 아시고 택하신 하나님의 은혜와 사랑을 의지하며 감사하시기 바랍니다. 우리를 죄에서 자유롭게 하고, 성령충만의 길로 인도하는 예수님의 보혈의 능력을 의지하시기 바랍니다. 날마다 보혈의 능력을 의지함으로 예수님과 동행하며 예수님께 순종하는 여러분을 통해 하나님의 놀라운 역사와 기적이 나타날 것입니다.

예화   깨어짐의 법칙

아주 노련하고 존경받는 수도사가 젊은 수도사의 교육을 맡게 되었다. 똑똑하고 장래가 촉망되는 젊은 수도사는 교만했다. 늙은 수도사는 고심했다. 어떻게 하면 젊은 수도사에게 상처를 주지 않으면서 자신의 교만함을 깨닫게 할 수 있을까?

어느 날 늙은 수도사는 딱딱하게 굳은 흙을 만지면서 젊은 수도사에게 "여기 물을 좀 붓게."라고 말했다. 영문을 모르는 젊은 수도사는 물을 가져와 부었다. 그런데 물이 흙 속으로 스며드는 것이 아니라 그냥 옆으로 흘러내렸다. 그러자 늙은 수도사는 말없이 망치를 집어 들더니 딱딱한 흙덩이를 잘게 부수기 시작했다.

"이 흙은 너무 딱딱해서 물을 흡수하지 못하네. 그래서 이렇게 깨줘야 하지." 그런 후 젊은 수도사에게 다시 물을 부으라고 했다. 젊은 수도사가 물을 붓자 부드러워진 흙 속으로 물이 자연스럽게 스며들었다.

늙은 수도사가 웃으며 말했다.

"이제 여기다 씨를 뿌리면 틀림없이 꽃을 피우고 열매를 맺을 걸세. 딱딱한 흙에서는 아무것도 자랄 수 없다네. 씨를 뿌려도 곧 죽고 말지. 사람도 이와 같다네. 교만한 마음에는 아무것도 자랄 수 없어. 내가 깨어지고 부서지지 않으면 그곳에 아무것도 담을 수 없지. 수도하는 사람들은 이것을 깨어짐의 법칙이라고 말한다네."

그제서야 젊은 수도사는 늙은 스승의 가르침을 이해하고 자신의 교만함을 뉘우쳤다.

8

작 은 예 수 가 되 는 길

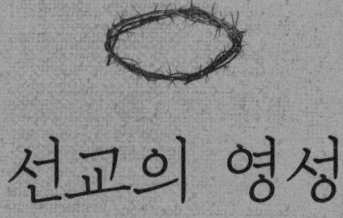

선교의 영성

22 _ 부활의 희망

23 _ 사명

24 _ 꿈과 희망을 가지고 나아가자

22

부활의 희망

"그러나 이제 그리스도께서 죽은 자 가운데서 다시 살아나사 잠자는 자들의 첫 열매가 되셨도다 사망이 한 사람으로 말미암았으니 죽은 자의 부활도 한 사람으로 말미암는도다 아담 안에서 모든 사람이 죽은 것 같이 그리스도 안에서 모든 사람이 삶을 얻으리라 그러나 각각 자기 차례대로 되리니 먼저는 첫 열매인 그리스도요 다음에는 그가 강림하실 때에 그리스도에게 속한 자요 그 후에는 마지막이니 그가 모든 통치와 모든 권세와 능력을 멸하시고 나라를 아버지 하나님께 바칠 때라 그가 모든 원수를 그 발 아래에 둘 때까지 반드시 왕 노릇 하시리니 맨 나중에 멸망 받을 원수는 사망이니라" 고린도전서 15장 20-26절

십자가의 죽음을 깨뜨리시고 예수님께서 부활하셨습니다. 예수 그리스도의 부활은 인류 역사상 최대의 기적이요, 최대의 축복이요, 최대의 은혜입니다. 예수님께서 죄와 사망의 권세를 깨뜨리시고 부활하셨기 때문입니다. 이는 곧 예수님께서 생명과 죽음의 주인이심을 나타내신 것입니다.

고린도전서 15장 14절은 "그리스도께서 만일 다시 살아나지 못하셨으면 우리가 전파하는 것도 헛것이요 또 너희 믿음도 헛것이며"라고 말씀하고 있습니다. 예수님께서 부활하시지 않았다면, 우리의 믿음은 아무런 능력도 발휘하지 못할 것이며, 어느 누구도 변화시킬 수 없으며, 어떠한 소망도 이루어지지 않을 것입니다.

그러나 예수님께서는 부활하셨고, 지금도 살아서 역사하고 계십니다. 부활하신 예수님께서 우리와 함께하심으로 이 부활의 능력은 부활이 일어났던 때와 마찬가지로 오늘날에도 계속되고 있습니다. 이와 같이 예수님께서는 우리의 부활의 희망이 되십니다. 그러므로 오늘은 '부활의 희망'되신 예수 그리스도에 대해서 살펴보고, 지금도 살아 역사하는 부활의 놀라운 은혜와 축복을 함께 나누고자 합니다.

첫째로, 부활하신 예수님께서는 잠자는 자들의 첫 열매가 되셨습니다.

고린도전서 15장 20절은 "그러나 이제 그리스도께서 죽은 자

가운데서 다시 살아나사 잠자는 자들의 첫 열매가 되셨도다"라고 말씀합니다.

이 세상에 태어난 사람은 그 누구도 죄의 문제와 사망의 문제에 대해서 자유롭지 못합니다. 로마서 3장 23절은 "모든 사람이 죄를 범하였으매 하나님의 영광에 이르지 못하더니"라고 말씀하고, 로마서 6장 23절은 "죄의 삯은 사망이요"라고 말씀하고 있습니다.

이와 같이 모든 사람은 죄 가운데 태어나, 죄 가운데 살다가, 죄 가운데 죽어가는 절망적인 존재였습니다. 이 세상 어느 누구도 죄의 문제를 해결할 수 없었습니다.

오직 한 분, 예수님만이 죄와 사망의 문제를 해결해주셨습니다. 예수님께서는 이 땅에 육신을 입고 오신 하나님으로서, 우리의 죄와 사망, 질병과 저주를 십자가에서 다 짊어지시고 돌아가셨습니다. 예수님께서 십자가에서 "다 이루었다"라고 말씀하실 때에 우리의 과거의 죄, 현재의 죄, 미래의 죄, 모든 죄가 예수님의 보혈의 공로로 사함을 받게 된 것입니다. 이제 예수님을 믿기만 하면 예수님의 피가 우리의 죄를 덮어, 우리를 의로운 존재로 만들어줍니다. 그러므로 우리는 당당히 하나님의 보좌 앞에 나아갈 수 있게 되었습니다.

또한 예수님께서는 죽으신 지 사흘 만에 부활하시고, 40일 동안 이 땅에 계시면서 열한 차례 제자들과 많은 사람들에게 나타나셨습니다. 고린도전서 15장 20절은 예수님께서 잠자는 자들의 첫 열매가 되셨다고 말씀합니다. '잠자다'라는 표현은 '다시 깨어나다'라는 의미를 그 속에 내포하고 있습니다. 죽음이 죽음으로 끝나는 것이 아니라, 다시 부활의 생명으로 다가올 것을 말씀해 주고 있는 것입니다.

우리는 기한이 되면 이 땅에서 죽음을 맞이하겠지만, 죽음이 끝이 아닙니다. 예수님을 믿지 않는 사람은 죽음이 끝이라고 생각하여, 죽음을 피하려고 몸부림칩니다. 하지만 예수님을 믿는 우리에게는 죽음이 끝이 아니라 새로운 시작입니다. 잠자는 자들의 첫 열매가 되신 예수님을 따라 우리도 다시 부활하게 될 것이기 때문입니다.

'첫 열매'라고 하는 표현이 중요합니다. 하나님께서는 모든 곡식의 첫 열매를 하나님께 드리라고 말씀하셨습니다. 그것은 하나님의 주권을 인정하는 것을 의미합니다. 우리가 첫 열매를 드린다는 것은 이 모든 것을 하나님께서 주셨다는 믿음의 고백입니다.

이와 같이 예수님께서 부활하셔서 첫 열매가 되심으로, 이제 예수님을 믿는 모든 사람들은 하나님의 은혜 가운데 부활에 참여

하게 되었습니다. 예수님께서 모든 잠자는 자들, 모든 죽은 자들의 첫 열매가 되셨기 때문에 예수님을 믿는 순간 부활의 영이 임하는 것입니다.

로마서 8장 11절은 "예수를 죽은 자 가운데서 살리신 이의 영이 너희 안에 거하시면 그리스도 예수를 죽은 자 가운데서 살리신 이가 너희 안에 거하시는 그의 영으로 말미암아 너희 죽을 몸도 살리시리라"라고 말씀합니다.

그러므로 오직 주 예수님만 붙잡고 믿음의 전진을 해나가는 우리 모두가 되어야 할 것입니다.

둘째로, 죽음과 부활에 대하여 함께 생각해보기를 원합니다.

고린도전서 15장 21-22절은 "사망이 한 사람으로 말미암았으니 죽은 자의 부활도 한 사람으로 말미암는도다 아담 안에서 모든 사람이 죽은 것 같이 그리스도 안에서 모든 사람이 삶을 얻으리라"라고 말씀합니다.

인류의 조상 아담이 죄짓고 타락함으로 모든 사람이 죄와 사망에 이르게 되었습니다. 어느 누구도 이 사망을 피할 수가 없었습니다. 그러나 예수님께서 죽으시고 부활하심으로, 예수님을 믿는 모든 사람은 영생을 얻게 되고 부활의 영광에 참여하게 되었습니다.

로마서 5장 18절은 "그런즉 한 범죄로 많은 사람이 정죄에 이른 것 같이 한 의로운 행위로 말미암아 많은 사람이 의롭다 하심을 받아 생명에 이르렀느니라"라고 말씀합니다. 예수님께서 우리의 죄를 짊어지시고 돌아가심으로, 예수님을 믿는 모든 사람이 생명을 얻게 된 것입니다.

예수님의 부활 생명은 영원한 생명입니다. 육신의 생명은 기한이 되면 끝이 나지만, 부활의 생명은 영원합니다. 요한복음 11장 25절은 "예수께서 이르시되 나는 부활이요 생명이니 나를 믿는 자는 죽어도 살겠고"라고 말씀하고 있습니다. 이제 우리는 예수님 안에서 위대한 승리자가 되었습니다. 그러므로 사망은 부활의 생명을 가진 우리를 더 이상 다스리지 못합니다. 질병과 가난과 저주는 부활의 생명을 가진 우리에게 더 이상 다가오지 못합니다.

또한 예수님께서 재림하실 때에 성도들은 영화로운 몸으로 변화되어 공중으로 들려질 것입니다. 데살로니가전서 4장 16절은 "주께서 호령과 천사장의 소리와 하나님의 나팔 소리로 친히 하늘로부터 강림하시리니 그리스도 안에서 죽은 자들이 먼저 일어나고"라고 말씀합니다. 그리고 마지막 심판 때에는 사망이 영원히 심판받고 사라질 것입니다. 고린도전서 15장 26절은 "맨 나중에 멸망받을 원수는 사망이니라"라고 말씀합니다.

이제 우리는 더 이상 죽음 앞에서 두려워할 필요가 없습니다. 우리 모두가 이미 부활의 영을 받았고, 영생의 축복을 받았기 때문입니다. 그러므로 우리는 저 천국 소망을 가지고 이 땅에 사는 동안 하나님의 영광을 위해서 귀하게 쓰임을 받아야 될 것입니다.

셋째로, 우리에게 주신 사명에 대해 함께 생각해보기 원합니다.

고린도전서 15장 58절은 "그러므로 내 사랑하는 형제들아 견실하며 흔들리지 말고 항상 주의 일에 더욱 힘쓰는 자들이 되라 이는 너희 수고가 주 안에서 헛되지 않은 줄 앎이라"라고 말씀합니다.

이 말씀은 부활장인 고린도전서 15장의 마지막 결론 부분입니다. 부활의 생명을 가진 우리가 어떻게 살아야 하는지를 잘 말씀해주고 있습니다. 이제 우리는 항상 주의 일에 더욱 힘쓰는 자들이 되어야 합니다. 여기서 '주의 일'이란 예수님께서 기뻐하시는 일들을 말씀하고 있습니다.

예수님께서 기뻐하시는 일이란 우리가 예수님의 부활의 증인이 되어서 이 세상 끝까지 믿지 않는 사람들에게 나아가 복음을 전하는 것입니다. 더 나아가 헐벗고, 굶주리고, 상처 입은 영혼들을 향해 나아가는 것입니다. 부활의 예수님께서 우리와 함께하실 때에 모든 문제가 해결되고, 하나님의 치료와 용서가 그들의 삶 가운데 임하게 된다는 것을 전해야 합니다.

민족사랑교회 공동체 백소현 사무장이란 분이 계십니다. 그는 14년째 용산역 앞에서 노숙인을 돌보는 사역을 하고 있습니다. 백 사무장님은 남편의 사업 실패로 낙심하여 기도하던 가운데 "너와 같이 어려움 당하는 이웃을 돌보라."라는 하나님의 응답을 받게 되었습니다. 그때부터 그분은 용산역 일대의 노숙인들에게 호박죽을 쒀서 드리면서, 예수님의 사랑을 전했습니다. 그러자 많은 사람들이 변화되어 일용직 근로자로, 주방 도우미로, 전기기술자로 직업을 가지고 일하게 되었습니다. 이들은 십일조를 드리고 노숙인들을 섬기면서 '민족사랑교회 공동체'를 만들고, 지금까지 서울역에서 매일 4백 명에게 '밥퍼' 사역을 하고 있습니다.

백소현 사무장은 이런 고백을 하였습니다.

"저는 고난이 있었기에 이웃을 섬기는 삶이 무엇인지, 감사가 무엇인지를 알게 되었습니다. 절망에서 소망을 갖는 노숙인을 보면서 고난을 넘어선 부활의 삶을 바라봅니다."

고린도전서 10장 31절은 "그런즉 **너희가** 먹든지 마시든지 무엇을 하든지 다 하나님의 영광을 위하여 하라"라고 말씀합니다. 지금까지 나를 위해 살아왔다면 이제부터는 하나님의 영광을 위해 사는 여러분 모두가 되기를 예수님의 이름으로 축원합니다.

23

사명

"그들이 조반 먹은 후에 예수께서 시몬 베드로에게 이르시되 요한의 아들 시몬아 네가 이 사람들보다 나를 더 사랑하느냐 하시니 이르되 주님 그러하나이다 내가 주님을 사랑하는 줄 주님께서 아시나이다 이르시되 내 어린 양을 먹이라 하시고 또 두 번째 이르시되 요한의 아들 시몬아 네가 나를 사랑하느냐 하시니 이르되 주님 그러하나이다 내가 주님을 사랑하는 줄 주님께서 아시나이다 이르시되 내 양을 치라 하시고 세 번째 이르시되 요한의 아들 시몬아 네가 나를 사랑하느냐 하시니 주께서 세 번째 네가 나를 사랑하느냐 하시므로 베드로가 근심하여 이르되 주님 모든 것을 아시오매 내가 주님을 사랑하는 줄을 주님께서 아시나이다 예수께서 이르시되 내 양을 먹이라" 요한복음 21장 15-17절

사람은 누구나 단 한번뿐인 인생을 행복하고 성공적으로 살아가기 원합니다. 그런데 우리가 아무리 노력해도 자신의 삶에 진정한 행복을 가져올 수 없습니다. 이 같은 삶은 오직 예수 그리스도 안에서만 가능하기 때문입니다.

예수님을 떠나 자신의 힘으로 살려고 했던 베드로의 삶 또한 실패와 절망 그 자체였습니다. 그러나 예수님께서 그를 찾아오셔서 다시 사명을 주시자, 그의 삶이 새롭게 바뀌었습니다. 그는 예수님을 부인하던 연약한 제자에서 오직 예수님을 위해 사는 위대한 하나님의 종으로 변화되었습니다. 우리가 예수 그리스도 안에서 거룩한 꿈과 사명을 감당해나갈 때, 비로소 행복하고 의미 있는 삶을 살게 됩니다. 오늘은 새로운 사명을 받아 변화된 베드로를 통하여 하나님께서 우리에게 주신 귀한 은혜를 생각해보기를 원합니다.

첫째로, 예수님을 배반한 베드로에 대해서 생각해보기를 원합니다.

베드로는 예수님의 수제자로서 늘 앞장서서 예수님을 따르고, 누구보다 열심히 모든 일에 책임을 가지고 일하던 제자였습니다. 그는 예수님께서 고난당하실 때 모든 제자가 예수님을 떠나도 자신만은 예수님을 버리지 않겠다고 말했습니다. 마태복음 26장 33절은 "베드로가 대답하여 이르되 모두 주를 버릴지라도 나는 결코 버리지 않겠나이다"라고 말씀합니다. 또한 자신이 예수님과 함께 죽을지언정 절대로 예수님을 부인하지 않겠다고 말했습니다.

그러나 예수님께서 잡히시던 밤에 베드로는 예수님을 모른다고 세 번 부인했습니다. 그리고 세 번째에는 예수님을 저주하면서까지 모른다고 맹세했습니다. 바로 그때 닭이 울었습니다. 마태복음 26장 74절은 "그가 저주하며 맹세하여 이르되 나는 그 사람을 알지 못하노라 하니 곧 닭이 울더라"라고 말씀합니다. 그는 예수님께서 "닭 울기 전에 네가 세 번 나를 부인하리라"라고 말씀하신 것이 생각이 났습니다. 그리고 자신이 예수님을 배반하였다는 죄책감에 통곡하며 울었습니다.

우리도 예수님을 믿는다고 하면서 때때로 예수님을 배반하며 살아갈 때가 있습니다. 입술로는 예수님을 사랑한다고 하면서 예수님보다 물질을 더 사랑하고, 권력을 더 사랑하고, 인기와 명예를 더 사랑합니다. 세상에서 자신의 유익을 위해 진실이 아닌 거짓을 택하기도 합니다. 마음속에 미움과 원한과 복수심을 가지고 있는데도, 겉으로는 사랑한다고 말합니다. 어려움이 다가왔을 때 죄와 불의와 타협하기도 합니다. 이와 같은 모습들이 예수님을 배반하는 행위입니다.

예수님께서는 지금도 우리를 불꽃 같은 눈으로 내려다보고 계십니다. 우리는 예수님을 처음 만났을 때의 순수한 모습으로 돌아가서 변함없이 예수님을 사랑해야 합니다. 어떠한 상황에 처하더라도 예수님을 배반하지 않고, 예수님을 기쁘시게 하는 삶을 사는 여러분이 되시기를 바랍니다.

둘째로, 베드로를 찾으시는 예수님에 대해서 생각해보기를 원합니다.

베드로는 부활하신 예수님을 만난 후에도 죄책감 때문에 낙심에 빠져서 예수님께서 주신 사명을 잊고 있었습니다. 그는 자신이 해야 할 일을 잊은 채, 예수님을 알지 못하던 시절의 고기를 잡던 어부의 모습으로 다시 돌아갔습니다. 요한복음 21장 3절은 "시몬 베드로가 나는 물고기 잡으러 가노라 하니 그들이 우리도 함께 가겠다 하고 나가서 배에 올랐으나 그 날 밤에 아무 것도 잡지 못하였더니"라고 말씀합니다.

베드로가 물고기를 잡으려고 밤새 그물을 던졌지만, 아무것도 잡히는 것이 없었습니다. 삼 년 전 그가 예수님을 처음 만났을 때에도 이날처럼 밤새 그물을 던졌으나 고기를 한 마리도 잡지 못했습니다. 누가복음 5장 5절은 "시몬이 대답하여 이르되 선생님 우리들이 밤이 새도록 수고하였으되 잡은 것이 없지마는 말씀에 의지하여 내가 그물을 내리리이다"라고 말씀합니다.

예수님을 떠난 인생은 아무리 그물을 던져도 아무것도 잡히지 않는 빈 그물이자, 빈 배의 인생입니다. 예수님께서 함께하시지 않는 인생은 아무리 자신의 힘으로 노력하고, 힘쓰고, 애써도 무엇 하나 얻어지는 것 없이 절망과 허무만 가득하게 됩니다.

디베랴 바다에 동이 트기 시작했고, 이제 돌아갈 시간이 되었습니다. 베드로는 빈 그물을 걷어올리며 절망에 빠져있었습니다. 그런데 그때, 예수님께서 그를 찾아오셨습니다. 요한복음 21장 4절은 "날이 새어갈 때에 예수께서 바닷가에 서셨으나 제자들이 예수이신 줄 알지 못하는지라"라고 말씀합니다.

예수님께서는 우리가 실패하고 좌절해있을 때, 우리를 찾아오시는 분입니다. 우리가 고통 속에서 눈물을 흘리고 있을 때, 우리를 위로해주시고 눈물을 닦아주시는 분입니다. 예수님께서는 우리를 일으켜주시고, 고쳐주시고, 새롭게 변화시켜주십니다.

예수님께서는 절망 중에 있는 베드로에게 말씀하셨습니다. 요한복음 21장 6절은 "이르시되 그물을 배 오른편에 던지라 그리하면 잡으리라 하시니 이에 던졌더니 물고기가 많아 그물을 들 수 없더라"라고 말씀합니다. 베드로가 예수님의 말씀에 순종하였더니, 그물을 들 수 없을 만큼 많은 고기가 잡혔습니다. 예수님께 순종하면 빈 배가 가득 차는 놀라운 기적이 일어나고, 문제가 해결됩니다.

예수님 없이 살아가는 인생은 빈 그물이자, 빈 배의 인생입니다. 지금 여러분이 문제와 괴로움의 빈 배로 살아가고 있다면, 그 빈 배에 예수님께서 찾아오시기를 구하시기 바랍니다. 그리고 찾아오시는 예수님께 순종하시기 바랍니다. 예수님께서는 여러분의 배를 가득 채워주시고, 하나님의 축복과 은혜가 넘치게 만들어주실 것입니다.

셋째로, 사명을 주시는 예수님에 대해서 생각해보기를 원합니다.

예수님께서 찾아오셨음을 알게 된 베드로는 예수님께서 계신 곳으로 가기 위해 바다로 뛰어들어 육지까지 헤엄쳐갔습니다. 그가 육지에 올라와서 보니, 예수님께서 숯불을 피워놓으시고, 떡과 생선을 굽고 계셨습니다. 예수님께서는 자신을 배반한 베드로를 꾸짖지 않으셨습니다. 오히려 물에 젖어 떨고 있는 그의 몸을 따뜻하게 녹여주시고, 밤새 고기를 잡느라 허기진 그를 배불리 먹게 해주셨습니다. 베드로는 따뜻한 숯불 앞에서 눈물을 흘리며 음식을 먹었습니다. 예수님께서 잡히시던 날 밤이 생각났기 때문입니다. 자신은 바로 이 숯불 앞에서 예수님을 모른다고 부인했는데, 예수님께서는 자신을 위해 숯불을 피워놓으시고, 이 숯불 앞에서 다 용서하신 것입니다. 이것이 바로 예수님의 변함없는 사랑입니다. 예수님께서는 사랑으로 베드로를 어루만져 주셨습니다.

식사를 마친 후에 예수님께서 베드로에게 물으셨습니다. 요한복음 21장 15절은 "그들이 조반 먹은 후에 예수께서 시몬 베드로에게 이르시되 요한의 아들 시몬아 네가 이 사람들보다 나를 더 사랑하느냐 하시니 이르되 주님 그러하나이다 내가 주님을 사랑하는 줄 주님께서 아시나이다 이르시되 내 어린 양을 먹이라 하시고"라고 말씀합니다. 예수님께서 그에게 "네가 나를 사랑하느냐?"라고 질문을 세 번 되풀이 하신 것은, 그의 마음의 상처를 치료해주시기 위함이었습니다. 예수님을 세 번이나 부인했던 일이 그의 마음속에 평생 지울 수 없는 상처가 되었기 때문입니다. 예수님께서는 그에게 "제가 예수님을 사랑합니다."라는 고백을 세 번 하게 하심으로, 그의 삶을 회복시키셨습니다.

그 다음, 예수님께서는 베드로에게 사명을 주셨습니다. 예수님께서 그에게 주신 첫 번째 사명은 "내 어린 양을 먹이라."입니다. 여기서 어린 양은 교회 안에 약한 지체들, 아직 믿음이 자라지 못한 새신자들을 가리킵니다. 예수님께서는 이 같은 자들에게 하나님의 말씀을 먹여 신앙이 잘 자라게 하고, 믿음을 굳건하게 세울 수 있도록 돕기를 원하십니다.

예수님께서 베드로에게 주신 두 번째 사명은 "양을 치라."입니다. 이 말은 '나의 양들을 보호하고 보살피라'는 뜻이며, 여기서 양은 성도를 의미합니다. 예수님께서는 성도들을 거짓 교사들과 이단, 세상의 유혹에 물들지 않도록 보호하기를 원하십니다. 또한 어려움을 당한 성도와 고난 중에 있는 성도들을 돌보기를 원하십니다.

예수님의 사랑은 한결같고 변함이 없습니다. 우리가 잠시 세상길로 나갔다가 다시 예수님께로 돌아왔을 때도, 예수님께서는 우리를 받아주시고 사랑으로 품어주십니다. 다시 사명을 주시고 회복시켜주십니다. 그러므로 예수님의 사랑에 감사하며 주신 사명을 잘 감당하는 여러분이 되시기를 바랍니다.

예수님께서는 자신을 배반하고 멀리 떠난 베드로를 찾아오셔서 회복시키시고, 다시 사명을 주셨습니다. 이와 같이 예수님께서는 오늘 여러분을 회복시키고, 다시 사명을 맡기시기를 원하십니다. 예수님께서 우리에게 맡기신 사명은 가난하고, 소외되고, 헐벗고, 굶주린 이웃들을 돌보며 예수님의 사랑을 전하는 것입니다. 남은 일생을 예수님께 드리며, 예수님께서 가장 기뻐하시는 모습으로 사는 여러분이 되시기를 예수님의 이름으로 축원합니다.

24

꿈과 희망을 가지고 나아가자

"성문 어귀에 나병환자 네 사람이 있더니 그 친구에게 서로 말하되 우리가 어찌하여 여기 앉아서 죽기를 기다리랴 만일 우리가 성읍으로 가자고 말한다면 성읍에는 굶주림이 있으니 우리가 거기서 죽을 것이요 만일 우리가 여기서 머무르면 역시 우리가 죽을 것이라 그런즉 우리가 가서 아람 군대에게 항복하자 그들이 우리를 살려 두면 살 것이요 우리를 죽이면 죽을 것이라 하고 아람 진으로 가려 하여 해 질 무렵에 일어나 아람 진영 끝에 이르러서 본즉 그 곳에 한 사람도 없으니 이는 주께서 아람 군대로 병거 소리와 말 소리와 큰 군대의 소리를 듣게 하셨으므로 아람 사람이 서로 말하기를 이스라엘 왕이 우리를 치려 하여 헷 사람의 왕들과 애굽 왕들에게 값을 주고 그들을 우리에게 오게 하였다 하고 해질 무렵에 일어나서 도망하되 그 장막과 말과 나귀를 버리고 진영을 그대로 두고 목숨을 위하여 도망하였음이라 그 나병환자들이 진영 끝에 이르자 한 장막에 들어가서 먹고 마시고 거기서 은과 금과 의복을 가지고 가서 감추고 다시 와서 다른 장막에 들어가 거기서도 가지고 가서 감추니라 나병환자들이 그 친구에게 서로 말하되 우리가 이렇게 해서는 아니되겠도다 오늘은 아름다운 소식이 있는 날이거늘 우리가 침묵하고 있도다 만일 밝은 아침까지 기다리면 벌이 우리에게 미칠지니 이제 떠나 왕궁에 가서 알리자 하고 가서 성읍 문지기를 불러 그들에게 말하여 이르되 우리가 아람 진에 이르러서 보니 거기에 한 사람도 없고 사람의 소리도 없고 오직 말과 나귀만 매여 있고 장막들이 그대로 있더이다 하는지라" 열왕기하 7:3-10

세상을 살다 보면 예기치 않은 문제와 어려움을 당할 때가 있습니다. 그러나 우리 신앙인들은 어떠한 절망의 벼랑 끝에 섰다고 할지라도 절대로 주저앉으면 안 됩니다. 주님께서 영원한 희망과 생명과 기쁨이 되시기 때문에, 우리는 절망의 한복판에서 눈을 들어 주님을 바라보고 십자가를 붙잡고 일어나야 합니다. 오늘 절망에 처했던 네 명의 나병 환자들은 꿈과 희망을 가지고 믿음으로 전진하여 놀라운 기적을 체험하고 그 아름다운 기적의 소식을 많은 사람들에게 전했습니다. 이 이야기를 통해 우리의 신앙을 점검해보기를 원합니다.

첫째로, 절망에 처한 사람들에 대해 말씀드리겠습니다.

선지자 엘리사의 시대에 아람 왕 벤하닷이 이스라엘을 침공해왔습니다. 그는 피를 흘려 싸우는 직접적인 전투 대신에 사마리아 성을 첩첩으로 둘러싸고 물자 보급을 끊는 전략을 사용했습니다. 그러자 성 안에 있는 사람들이 굶주려 죽어가기 시작했고 죽어가는 자신의 아이들을 부모들이 잡아먹는, 말로 표현할 수 없는 일이 일어났습니다.

그때 사마리아 성 어귀에 나병 환자 네 사람이 살고 있었습니다. 당시 나병에 걸리면 하나님으로부터 저주를 받았다고 해서 나병에 걸린 사람을 병이 나을 때까지 격리시켰습니다. 이 병에 걸리면 가족과 함께 있을 수도 없고 사람과 함께 거할 수가 없었습니다. 그래서 그들은 사람과 멀리 떨어져 성 밖에서 움막을 짓고 살고 있었습니다. 더구나 그들은 성문으로 지나다니는 사람들에게 먹을 것을 얻어먹고 살았는데, 이제 전쟁 때문에 성문은 닫혔고 지나다니는 사람들이 없어서 성 밖에 있는 그들도 굶주려 죽게 되었습니다.

그런데 이 절체절명의 위기의 순간에 네 명의 나병 환자들은 포기하고 주저앉기보다는 꿈과 희망을 택하기로 결심했습니다. 열왕기하 7장 3-4절은 "성문 어귀에 나병환자 네 사람이 있더니 그 친구에게 서로 말하되 우리가 어찌하여 여기 앉아서 죽기를 기다리랴 만일 우리가 성읍으로 가자고 말한다면 성읍에는 굶주림이 있으니 우리가 거기서 죽을 것이요 만일 우리가 여기서 머무르면 역시 우리가 죽을 것이라 그런즉 우리가 가서 아람 군대에게 항복하자 그들이 우리를 살려 두면 살 것이요 우리를 죽이면 죽을 것이라"라고 말씀합니다. 그들은 '성 안에 들어가도 먹을 것이 없으니 죽을 것이고 여기 있어도 먹을 것이 없어서 죽을 것이다. 유일하게 우리에게 있는 희망은 아람 군대에게 가서 먹을 것을 구하는 것이다. 목숨을 걸고 그들에게 가서 먹을 것을 구하자.'라고 생각했습니다. 그들은 이렇게 마음에 꿈과 희망을 가졌습니다.

이와 같이 문제와 어려움, 절망이 다가왔을 때 주님을 바라보고 꿈과 희망을 품으시기 바랍니다. '사랑의 주님이 나와 함께하신다. 주님이 나를 도우실 것이다. 주님만이 문제의 해결자가 되신다.'라는 믿음을 가지고 주님 안에 희망을 두고 나아가면 놀라운 기적이 우리 앞에 펼쳐지게 됩니다.

**둘째로, 꿈과 희망으로 내딛는
믿음의 발걸음에 대해 말씀드리겠습니다.**

이제 나병환자 네 사람이 꿈과 희망을 갖고 전진해나아갑니다. 열왕기하 7장 5절은 "아람 진으로 가려 하여 해 질 무렵에 일어나 아람 진영 끝에 이르러서 본즉 그 곳에 한 사람도 없으니"라고 말씀합니다. 나병은 본래 세포가 죽는 병이기 때문에 손가락이 떨어져 나가고 귀가 떨어져 나가도 고통을 못 느낍니다. 이 나병 환자들은 영적으로 볼 때 죄로 인해 죽어가고 있는 우리 인생을 의미합니다. 그러나 우리가 예수님을 믿고 희망을 갖기만 하면 그와 같은 절망적인 상황에서도 문제 해결의 길이 보이기 시작합니다.

우리를 향한 하나님의 뜻은 우리에게 꿈과 희망을 주는 것입니다. 예레미야 29장 11절은 "**야훼의 말씀이니라 너희를 향한 나의 생각을 내가 아나니 평안이요 재앙이 아니니라 너희에게 미래와 희망을 주는 것이니라**"라고 말씀합니다.

예수님을 믿는 우리에게 더 이상 절망과 죽음의 공포는 없습니다. 왜냐하면, 영원한 희망되시는 예수님께서 우리와 함께하고 계시기 때문입니다. 예수님 안에서 우리는 날마다 넉넉히 이기며 승리자의 삶을 살아가게 될 것입니다. 그러므로 우리는 절대 긍정과 절대 감사로 우리의 체질을 바꾸고, 절대로 낙심하거나 포기하지 말고 믿음으로 일어나서 도전해야 합니다. 꿈과 희망을 갖고 전진해나가시기를 주님의 이름으로 축원합니다.

셋째로, 하나님의 도우심에 대해 말씀드리겠습니다.

나병 환자들이 꿈과 희망을 가지고 행진했을 때, 하나님의 도우심의 손길이 임했습니다. 놀라운 기적이 일어났습니다. 하나님께서 네 명의 나병 환자들의 걸음 소리가 아람 군대에게 큰 군대 소리, 병거 소리, 말굽 소리로 들리도록 기적을 베풀어주셨던 것입니다. 그 결과 아람 군대는 혼비백산하여 도망하고 말았습니다. 이 놀라운 기적에 대해 열왕기하 7장 6-7절은 "이는 주께서 아람 군대로 병거 소리와 말 소리와 큰 군대의 소리를 듣게 하셨으므로 아람 사람이 서로 말하기를 이스라엘 왕이 우리를 치려하여 헷 사람의 왕들과 애굽 왕들에게 값을 주고 그들을 우리에게 오게 하였다 하고 해질 무렵에 일어나서 도망하되 그 장막과 말과 나귀를 버리고 진영을 그대로 두고 목숨을 위하여 도망하였음이라"라고 말씀합니다.

이들은 나병 환자들이기 때문에 그 걸음걸이가 비틀비틀했을 것입니다. 온몸에 병이 있으므로 그들은 군인들처럼 씩씩하고 힘 있게 전진하지 못했을 것입니다. 그러나 이 네 명이 꿈과 희망을 갖고 나아갈 때 하나님께서 그들의 발걸음을 마치 큰 군사가 행진하는 것 같은 소리로 들리게 하신 것입니다. 그래서 아람 군사들은 다 도망갔고, 그 자리에 나병 환자들이 들어가 보니, 사람은 한 사람도 보이지 않고, 그들이 먹고 마실 수 있는 것들이 매우 많이 남아 있었습니다.

세상 사람들이 보기에는 우리가 연약한 것 같아도 하나님께서 우리와 함께 계십니다. 우리가 믿음으로 걸어나갈 때, 하나님께서 함께하시므로 모든 절망은 물러가고, 하나님의 축복과 기적 그리고 은혜가 임하게 될 것입니다. 절대로 낙심하거나 포기하지 마십시오. 만군의 야훼 하나님께서 우리와 함께하십니다.

넷째로, 우리가 전하여야 할
아름다운 소식에 대해 말씀드리겠습니다.

아람 군대의 진에 들어가서 배불리 먹고 정신이 돌아오자, 그들은 자기들이 잘못한 것 같다는 생각이 들었습니다. 지금 사마리아 성에 있는 자기 동족들은 다 굶어 죽어가는데 자기들만 이렇게 배불리 먹는 것은 잘못된 것임을 깨달았습니다. 열왕기하 7장 9절은 "나병 환자들이 그 친구에게 서로 말하되 우리가 이렇게 해서는 아니되겠도다 오늘은 아름다운 소식이 있는 날이거늘 우리가 침묵하고 있도다 만일 밝은 아침까지 기다리면 벌이 우리에게 미칠지니 이제 떠나 왕궁에 가서 알리자"라고 말씀합니다. 그래서 그들이 사마리아로 가서 이 좋은 소식을 전하자 모든 성읍 사람들이 달려나와 음식을 먹고 굶주림에서 벗어나는 위대한 하나님의 축복을 체험하게 되었습니다.

이처럼 아름다운 소식, 기쁜 소식은 반드시 전하고 알려야 합니다. 가장 기쁜 소식은 나 같은 죄인을 위해서 예수님이 십자가에 달려 돌아가셨다는 것입니다. 이보다 더 기쁜 소식이 없습니다. 이 복음이 증언될 때 절망에 처한 사람이 희망을 얻게 되고 죽음을 눈앞에 둔 사람이 영생과 부활의 소망을 갖게 됩니다. 또한 문제와 어려움에 처한 사람들이 문제를 이겨나갈 수 있는 힘과 용기를 얻게 됩니다. 그러므로 우리는 우리가 만난 예수님을 세상 만방에 전하며 살아가는 주님의 복된 자녀들이 되어야 합니다.

하나님께서는 우리의 삶을 은혜와 축복으로 넘치게 채워주길 원하십니다. 우리가 십자가를 붙잡고, 약속의 말씀을 붙잡고, 꿈과 희망을 갖고 믿음으로 나아가기만 하면 기적은 다가옵니다. 그리고 그 아름다운 기적의 소식을 전할 때에 더 큰 기적과 축복이 임합니다. 하나님께서 주시는 꿈과 희망으로 가득 찬 복된 삶을 누리시는 여러분이 되시기를 주님의 이름으로 축원합니다.

예화   브루스 올슨 선교사, 『밀림 속의 십자가』

브루스 올슨 선교사는 외부인이 전혀 접근할 수 없었던 콜롬비아의 정글 지역에 사는 모틸론족에게 복음을 전하기 위해 밀림으로 들어갔다.

그는 14살에 회심했고, 16살에 선교사로 부르심을 받았다. 펜실베이니아 주립대학교와 미네소타 대학교에서 언어학을 공부하다 중퇴하고 19살에 선교 훈련도, 선교단체의 파송도, 재정적 후원도 없이, 오직 하나님만 의지하고 떠났다. 모틸론족의 이야기를 듣고 그들에게 복음을 전하기로 결심했다. 모틸론족은 인디오 중에서도 가장 위험한 부족이었다. 사람을 죽이는 것도 쉽게 여기며, 자신의 가족 외에는 신경 쓰지 않고, 공동가옥에 살면서도 이웃과 친하게 지내지 않았다.

올슨 선교사는 모틸론족에게 잡혀 채찍에 맞고 화살에 찔리고 배고픔과 병에 시달리는 등 말로 표현하기 힘든 어려움 끝에, 모틸론족과 함께 살 수 있게 되었다. 그를 통해 복음을 받아들인 모틸론족은 예수님을 닮아가는 삶으로 변화되었다. 원래 모틸론족은 고아들을 표범에게 던져버리고, 노인들도 돌보지 않는 사람들이었다. 그런데 예수님을 믿고 난 후부터 고아들을 입양하고 노인들을 돌본다. 또 그들은 밀림에 최초의 보건소, 학교, 협동조합 등을 세웠고, 자기 부족뿐 아니라 콜

롬비아 지역사회의 발전에도 기여하는 종족으로 변화되었다.

가장 포악했던 한 부족이 그 사회에서 가장 핵심적인 복음 전파자가 되었던 것이다. 그렇게 되기까지 올슨 선교사의 사역은 결코 쉽지 않았다. 반군에게 납치되어 가슴과 다리, 목에 총 3발을 맞았고 4개월 동안이나 밀림에 있는 나무에 묶여서 지냈다. 그러면서도 게릴라들에게 요리를 가르쳐주고 글을 가르치고 치과 치료도 해주다가 120명의 게릴라들이 예수님을 영접하는 일도 있었다.

지금도 암살 협박이 계속되지만 올슨 선교사는 그곳을 떠나지 않는다. 온갖 위험 속에서도 밀림을 떠나지 않고 지난 40년 동안을 모틸론족과 함께 살아왔던 그는, 이제 일흔을 바라보는 지금도 그들의 형제로서 밀림 속에서 살고 있다.

올슨 선교사는 자신의 사역은 능력 주시는 하나님의 임재가 있었기에 가능했다고 다음과 같이 고백한다.

"저를 이곳으로 데려오신 분은 하나님이었습니다. 저 혼자서는 결코 이곳에 오지 못했을 것입니다. 저 혼자서는 온갖 문제들, 끝없는 외로움, 위험과 싸워서 이겨내지 못했을 것입니다. 하나님의 강하고 결정적인 임재를 경험하지 못했더라면, 집을 떠나는 것조차 하지 못했을 것입니다."

작은 예수가 되는 길